AI와 전쟁

AI문고

인공지능 시대입니다. 기계가 인간의 인지를 대신하고, 사물이 인간을 통하지 않고 다른 사물과 직접 커뮤니케이션합니다. 이에 따른 인간 삶과 문명 변화를 정확히 이해·예측·대응하는 것은 이 시대 우리 모두의 과제입니다. AI문고는 인공지능 기술과 환경의 여러 주제를 10가지 키워드로 정리합니다. 관련 개념과 이론, 학계와 산업계의 쟁점, 우리 일상의 변화를 다룹니다. 인간과 기술의 현재, 미래를 세심히 분석합니다.

일러두기

- 인명, 작품명, 저서명, 개념어 등은 한글과 함께 괄호 안에 해당 국가의 원어를 병기했습니다.
- 외래어 표기는 현행 어문규정의 외래어표기법을 따랐습니다.

처음이세요?

전문가세요?

AI와 전쟁

양우진

대한민국, 서울, 커뮤니케이션북스, 2025

AI와 전쟁

지은이 양우진
펴낸이 박영률

초판 1쇄 펴낸날 2025년 5월 25일

커뮤니케이션북스(주)
출판 등록 2007년 8월 17일 제313-2007-000166호
02880 서울시 성북구 성북로 5-11
전화(02) 7474 001, 팩스(02) 736 5047
commbooks@commbooks.com
www.commbooks.com

ISBN 979-11-430-0217-4 03500

책값은 뒤표지에 표시되어 있습니다.

차례

전쟁의 새로운 얼굴, 인공지능의 부상

인류 역사에서 기술은 언제나 전쟁의 양상을 결정적으로 바꾸어 왔다. 1415년 아쟁쿠르 전투에서 영국군의 장궁이 프랑스 기사단을 무너뜨린 순간부터, 2024년 우크라이나 전선에서 AI 군집 드론이 러시아 기갑 부대를 초토화시킨 순간까지, 여러 논란에도 기술은 전쟁의 승패를 결정하는 주요 변수였다. 그러나 오늘날 우리가 직면하고 있는 기술적 변화는 단순히 무기의 진화를 넘어 전쟁의 본질적 변화와 사회 변화까지 예고하고 있다.

2024년 12월, 북대서양조약기구(NATO)가 예고하고 있는 '클라우드' 중심 연합 체계 구축은 인간의 뇌를 넘어 알고리듬의 신경망이 전장을 지배할 미래를 보여 준다. 향후 이 체계는 각국의 군사 데이터를 실시간으로 통합해 전 세계 전장을 하나의 네트워크로 연결하고, DIANA (Defence Innovation Accelerator) 등 협력 체계를 통해 다양한 혁신 기술을 이끌어 낼 전망이다. 이제 독일의 전차, 미국의 전투기가 클라우드에서 융합되기 시작했고, AI의 판단을 통해 전쟁은 더는 전통적인 국가 간 충돌이 아니라, AI와 알고리듬의 충돌로 변모하고 있다. 이제 우리가 직면했던 기술적 변화는 전쟁의 본질에 대한 근본적인 재정의를 요구하는 것이다.

이러한 변화에 대해, 조지프 나이(Joseph S. Nye)의 언급을 빌리자면, 이러한 변화를 '제4차 산업 혁명의 안보적 함의'로 설명한다. 그는 인공지능이 단순히 새로운 무기 체계가 아니라 전략적 사고 자체를 변화시키는 '게임 체인저'로 묘사하고 있다. 곧, 전통적인 억지(deterence) 이론과 위기관리 모델은 AI 시대에도 여전히 유효한지 아직 불분명할 뿐 아니라, AI 시스템 간 상호 작용은 이제 예측 불가능한 결과로 이어질 수 있다.

한편, 전장에서의 기술 혁명은 단순히 혁명적 무기 사용에만 국한되지 않는다. 이러한 맥락은 '군사 혁명(revolution in military affairs, RMA)'의 개념과도 밀접한 관련이 있는데, 맥스부트(Max Boot)의 지적처럼 군사 혁명은 단순한 기술 발전을 넘어 조직 · 전략 · 전술의 총체적 변화를 수반하고 있다. 특히, 최근 미군의 '합동 전 영역 지휘 통제(Joint All-Domain Command and Control, JADC2)'는 모든 군부대의 센서와 무기 체계를 하나의 네트워크로 연결해 실시간 정보 공유와 더불어 의사 결정을 지원하는 체계다. 이는 육 · 해 · 공 · 우주 · 사이버 등 모든 전장의 공간에서 인공지능을 활용해 정보 우위를 확보하는 것으로, 이제 전장은 고가의 대형 플랫폼 중심에서 다수의 저비용, 소형 시스템이 지배하는 전장으로 탈바꿈하고 있다. 이른바 '모자이크전(mosaic warfare)'으로 묘사되기도 하는 현대와 근미래의 전장 환경은 기존 지휘 체계와 조직, 의사 결정 구조 등 모든 분야에 걸쳐 변화를 야기하고 있다.

이러한 인공지능의 발전은 클라우제비츠가 전쟁론에서 언급한 '전장의 안개(fog of war)'를 걷어 내는 결정적인 역할도 수행하고 있다. 이와 연관하여 2023년 이스라엘-하마스 전쟁에서 이스라엘은 AI 시스템 '하브소라(Habsora)'의 '확률적 추론'을 통해 27일 만에 유의미한 12000여 곳을 선별 · 타격했다. 더 나아가, 러 · 우 전쟁에서 우크라이나의 '델타 상황 인식 시스템'은 다양한 정찰 자산과 통합되어 우크리아나군 지휘관에게 러시아군의 위치를 정확하게 전달하기도 했다.

전장에서 불확실성이 사라지고 있다는 점은 한편 다양한 윤리적 문제로 이어지기도 한다. 물론, 정교한 기술 발전이 민간인에 대한 부수적 피해를 줄이는 결과로 이어지긴 했지만, 이제 '모르고 저지른 실수'라는 변명은 통하지 않는다.

이와 관련하여, 2024년 UN 인권이사회 특별보고관 보고서는 AI 무기 시스템이 국제 인도법의 기본 원칙인 구별성, 비례성, 예방 원칙을 위협할 수 있다고 경고하고 있다. 또한, 수많은 인권 단체는 '자율 살상 무기 체계(lethal autonomous weapon system, LAWS)'가 인간의 생살여탈권을 쥐는 것은 결코 윤리적으로 용납될 수 없다고 주장하기도 한다.

지극히 상식적으로 보이는 이들의 주장에도 불구하고, 이에 대한 국제적 합의를 이끌어 내는 것은 정말 어려운 일이다. 2025년 제네바에서 열린 UN CCW(특정재래식무기금지협약) 회의에서도 이러한 갈등이 뚜렷이 드러났다. 미국과 중국은 LAWS에 대한 포괄적 금지에 반대하며, 오히려 AI 무기가 정밀성을 높여 민간인 피해를 줄일 수 있다고 주장했다. 반면, 오스트리아와 브라질을 포함한 32개국으로 구성된 'AI 킬러로봇 금지동맹'은 LAWS의 전면 금지를 강력히 요구했다. 특히 러시아는 UN 총회 결의안에 공식적으로 반대표를 던지며 AI 무기 개발 의지를 분명히 했다. 이러한 주요국들의 입장 차이는 AI 시대 국제 질서의 복잡성을 여실히 보여 주고 있다.

역사적으로 우리는 세 차례의 군사 혁명을 목격했다.

첫 번째는 화약 혁명이었다. 15세기 대포가 중세 성곽을 무너뜨리며 봉건제를 붕괴시켰다. 그리고 산업 혁명은 기관총을 등장시켰고, 철도를 통해 국가 간 총력전의 시대를 열었다. 마지막으로 1945년 히로시마-나가사키에 투하된 핵무기로 대변되는 핵 혁명은 인류에게 국가적 수준의 전쟁이 아닌 인간 종의 종말로 이어질 수 있는 확실 파괴(assured destruction)의 개념을 각인시켰다.

이제, AI 혁명은 네 번째 물결로 우리에게 밀려오고 있다. 그러나 이 혁명은 과거의 그것과는 근본적으로 다르다. AI는 단순히 기존 무기 체계를 개선하는 수준이 아니라, 예측할 수 없는 '모든 것의 변화'로 이어지고 있다.

먼저, AI의 발전은 전쟁의 속도와 규모를 비약적으로 증가시키고 있다. 2024년 이스라엘 '라벤더' 시스템이 37000명의 팔레스타인인을 수 초 만에 위협 등급으로 분류한 사례는 단순한 기술적 돌파가 아니라 의사 결정 권력의 이전을 의미한다.

피터 싱어(Peter W. Singer)는 이와 관련하여 향후의 전쟁을 '인지전(cognitive warfare)'의 시대라고 부른다. 그리고 이러한 '인지 수준'은 비약적으로 발전해 단지 몇 년 후에는 '초-인지전(hyper-cognitive warfare)'의 개념이 등장할지 모른다. 곧, AI는 인간의 인지 능력을 초월해 전장의 모든 요소를 동시에 분석하고 대응하고 있으며 이제 '전쟁의 템포'는 인간의 대응 능력을 아득히 넘어서고 있다. 이와 관련하여 지난 2024년 미국 국방성은 'AI신속역량반(AI Rapid Capabilities Cell)'을 창설하고, 국방부 전역에 첨단 AI 도구를 적용하는 임무를 부여했다.

이러한 변화는 전략가인 에드워드 루트왁(Edward Luttwak)이 말한 '전략의 역설' 개념을 더욱 복잡하게 만들고 있다. AI의 초고속 의사 결정은 전술적 우위를 가져다줄 수 있지만, 동시에 전략적 차원의 숙고를 어렵게 만든다. 2024년 남중국해에서 미국과 중국의 함선이 단순 조우했던 사건이, 근미래에는 AI 시스템의 오인으로 인해 순식간에 실제 교전으로도 이어질 가능성도 있다. 이는 AI 시대 '빠른' 의사 결정과 대응이 얼마나 책임 없는 재앙적인 결과로 이어질 수 있는지 상상하게 만든다.

지난 200여 년 동안 정치학에서는 클라우제비츠의 주장처럼 전쟁을 정부 · 군대 · 국민의 삼위일체라고 전제해 왔다. 그러나 최근 AI의 급격한 발전은 200여 년 동안 지속된 이 전제의 종말을 고하고 있다.

미 국방성은 2024년 AI를 활용한 군사 의사 결정 지원 시스템 개발을 가속화하고 있으며, 2020년 리비아 내전에서 사용된 튀르키예의 카르구-2 드론은 사용자-드론의 데이터 연결 없이 목표를 자율 공격하도록 프로그래밍되었다. 또한, 2024년 대만 총통 선거에서 AI가 생성한 라이칭더 후보의 조작된 영상이 유포되기도 했다. 군과 정부의 의사 결정, 전장에서의 전투, 이제 대중 선동에 이르기까지 이제 전쟁의 주체와 대상의 경계는 무척이나 모호해졌다. 더 나아가, 적과 아군을 구분하는 것은 이제 인간의 역할이 아니라, AI 알고리듬이다. 이제 전장에서 인간의 의미와 역할은 무엇인가?

앞서 언급한 튀르키예의 카르구-2 드론의 사례와 연관지어 가상의 사례를 살펴보자.

"카르구-2는 작전 중 작전 목표인 성인 남성을 발견했지만, 그 옆에는 어린아이가 있다. AI는 순간 판단을 내려야 한다. 민간인 피해를 감수하고 고가치 표적인 그를 제거할 것인가? 아니면 작전을 포기할 것인가?"

이는 단순한 기술적 문제가 아니라 철학적 · 윤리적 딜레마다. 효율성이 우선되어야 하는가? 아니면 윤리가 우선되어야 하는가?

이에 대해 싱어는 AI가 인간의 윤리적 판단을 대체하기 시작하면 인간성의 가치가 훼손된다고 경고한다. 반면, 로널드 아킨(Ronald Arkin) 등의 학자는 오히려 AI

가 인간보다 더 윤리적인 결정을 내릴 수 있다고 주장하기도 한다. 이 책에서는 어떤 주장이 더 설득력이 있는지는 다루지 않겠지만, 이제 이 문제는 엄연히 우리가 직면하고 있는 현실이 되어 가고 있다.

이러한 상황은 국제법과 전쟁 윤리의 재정립을 요구로 이어진다. 현행 국제인도법(IHL)은 AI 시대의 전쟁을 규제하기에 충분한가? 자율 무기 체계에 대한 책임은 누구에게 있는가? 개발자인가, 운용자인가, 아니면 AI 자체인가? 수 많은 현장과 연구에서 이러한 질문들이 제기되었지만, 아직 명확한 답을 찾지 못하고 있다.

이에 대해 마르코 사솔리(Marco Sassoli)는 "AI 시대의 전쟁법은 '인간 중심주의'에서 벗어나 '기능 중심주의'로 전환해야 한다"고 주장한다. 즉, 누가 결정을 내렸는지보다 그 결정이 얼마나 윤리적이고 합법적이었는지를 판단 기준으로 삼아야 한다는 것이다. 그러나 이러한 주장은 동시에 법적 책임의 소재를 모호하게 만들 수 있다는 비판도 있다. 예컨대, 자율 무기 체계가 민간인을 오폭했을 경우, 운용자 · 프로그래머 · 제조사 중 누가 책임을 져야 하는가? 수많은 변수로 가득 찬 전장에서 AI는 완벽한 결정을 내릴 수 있는가? AI에 대한 인간 통제(MHC)는 타당한가?

AI의 발전은 전쟁의 양상뿐만 아니라 국제 질서 자체를 재편하고 있다. 병력과 전차, 심지어 핵무기를 중심에 둔 군사력 균형은 AI 기술력에 의해 크게 흔들리고 있다. 중국이 발표한 '양자 AI' 기술은 미국의 군사적 우위를 위협하기 시작했고, 이는 '새로운' 형태의 군비 경쟁을 촉발했다. 이제 국가의 힘은 전차의 수가 아닌 데이터의 양과 알고리듬의 질로 측정되기 시작했다.

앞서 논의했던 것처럼, 이러한 변화는 전쟁을 넘어 사회 전반에 엄청난 영향을 끼치고 있다. 곧, 멜빈 크란츠버그(Melvin Kranzberg)의 언급처럼 기술은 가치 중립적이지만, 그 영향은 결코 중립적이지 않다. 다시 말해, AI 기술의 발전은 사회 전반의 효율성을 높이고 엄청난 부를 창조하지만, 감시 사회의 도래라는 우려를 증폭시킨다. 중국의 사회 신용 시스템과 같이 기술이 권력의 통제 도구로 전락한다면 유례없는 인권 침해가 발생할 가능성도 있다.

우리는 지금 역사의 변곡점에 서 있다. AI는 전쟁의 본질을 변화시키고 있으며, 이는 우리 사회와 문명의 근간을 흔들고 있다. 우리는 이 변화를 어떻게 받아들이고, 어떻게 대응해야 하는가? AI시대의 전쟁은 더 정확하고 '인도적'일 수 있을까? 아니면 통제할 수 없는 파괴의 도구가 될 것인가?

이 책은 이러한 질문들에 대한 답을 찾아가는 여정이다. 우리는 역사적 사례와 최신 기술 동향, 그리고 국제 정치와 군사 전략의 관점에서 AI 시대의 전쟁을 다각도로 살펴보고 분석할 것이다.

1장에서는 기술과 전쟁의 관계를 역사적으로 고찰하고, 2장과 3장에서는 현대 전쟁에서 AI의 역할과 자율 무기 체계의 등장을 다룬다. 4장과 5장은 정보전과 사이버전에서의 AI 활용을 분석하며, 6장은 AI가 방위 산업에 미치는 영향을 탐구한다. 7장과 8장에서는 AI 전쟁의 윤리적·법적 문제와 국제 동맹의 변화를 논의한다. 9장은 AI가 가져올 미래 전장의 모습을 그려 보며, 마지막 10장에서는 AI 시대의 새로운 평화 패러다임을 모색한다.

이 책은 단순히 기술적 측면만을 다루지 않는다. 우리는 AI 전쟁이 가져올 철학적·윤리적·사회적 함의를 깊이 있게 탐구할 것이다. 예를 들어, AI가 전쟁에서 인간의 역할을 대체한다면, 이는 '정의로운 전쟁' 개념에 어떤 영향을 미칠 것인가? AI가 인간보다 더 정확하고 '인도적'으로 전쟁을 수행할 수 있다면, 이는 윤리적으로 정당화될 수 있는가?

또한 우리는 AI 전쟁이 민주주의와 시민의 자유에 미

칠 영향도 고찰할 것이다. 전시에 AI에 의한 의사 결정이 일상화된다면, 이는 평시의 정치 과정에도 영향을 미칠 것이다. 시민들의 동의 없이 AI가 중요한 국가적 결정을 내리는 상황이 온다면, 이는 민주주의의 근간을 흔들 수 있다.

기술의 발전을 막을 수는 없다. 그러나 우리는 그 방향을 결정할 수 있다. AI 시대의 전쟁에서 가장 중요한 것은 결국 인간의 판단과 윤리일 것이다. 우리는 과연 이 새로운 도전에 준비되어 있는가? AI는 인류에게 전례 없는 힘을 부여하고 있지만, 동시에 전례 없는 위험도 안겨주고 있다. 우리가 이 기술을 어떻게 다루느냐에 따라 AI는 인류 역사상 가장 위대한 도구가 될 수도 있고, 가장 파괴적인 무기가 될 수도 있다. 이 책은 그 선택의 중요성을 강조하고, 우리가 나아가야 할 방향을 제시하고자 한다.

참고문헌

남두현 외(2020). 4차산업혁명 시대의 모자이크 전쟁. ≪국방연구≫, 63(3), 141-170쪽.

박현석(2023). 인공지능의 군사적 이용에 대한 국제적 규제: 국제규범에 관한 논의의 최근 동향. ≪홍익법학≫, 24(3), 27-59쪽.

양우진(2021). 4차산업혁명과 신 방위산업: 미-영의 기술혁신체제와 민군기술협력. ≪EU연구≫, 60, 261-292쪽.

윤대엽(2024). 인공지능의 무기화 경쟁과 인공지능 군사혁신. ≪국제정치논총≫, 64(1), 333-369쪽.

장기영(2022). 인공지능 군사무기화의 국제안보적 영향과 규범화 연구. ≪담론201≫, 25(3), 45-72쪽.

정구연(2024). 인공지능의 군사적 활용과 전략적 안정성. ≪경제와 사회≫, 143, 80-106쪽.

조재규(2024). '인공지능 및 자율성의 책임있는 군사적 활요에 관한 정치적 선언'에 대한 정책적 제언. ≪한국군사학논집≫, 80(2), 417-438쪽.

조현석 · 고봉준(2023). 인공지능의 군사적 활용과 국제 핵질서. ≪정치 · 정보연구≫, 26(1), 29-62쪽.

황태성 · 이만석(2020). 인공지능의 군사적 활용 가능성과 과제. ≪한국군사학논집≫, 76(3), 1-30쪽.

Albrecht, E.(2023). *Predictive technologies in conflict prevention: Practical and policy considerations for the multilateral system* (UNU-CPR discussion paper).

Arkin, R. C.(2009). *Governing lethal behavior in autonomous robots*. CRC Press.

Arkin, R. C.(2016). Ethics and autonomous systems: Perils and promises. *Proceedings of the IEEE*, 104(10), pp.1779-1781.

Asaro, P.(2012). On banning autonomous weapon systems: Human rights, automation, and the dehumanization of lethal decision-making. *International review of the Red Cross*, 94(886), pp.687-709.

Boot, M.(2006). *War made new: Weapons, warriors, and the making of the modern world*. Gotham Books,

Bostrom, N.(2016). *Superintelligence: Paths, dangers, strategies*.

Oxford University Press.

Horowitz, M. C.(2018). Artificial intelligence, international competition, and the balance of power. *Texas national security review*, 1(3), pp.36–57.

Johnson, J.(2019). Artificial intelligence & future warfare: Implications for international security. *Defense & security analysis*, 35(2), pp.147–169.

Luttwak, E. N.(2002). *Strategy: The logic of war and peace.* Belknap Press of Harvard University Press.

Nye, J. S., Jr.(2020). *Do morals matter? Presidents and foreign policy from FDR to Trump.* Oxford University Press.

Payne, K.(2018). Artificial intelligence: A revolution in strategic affairs?. *Survival*, 60(5), pp.7–32.

Sassoli, M.(2014). Autonomous weapons and international humanitarian law: Advantages, open technical questions and legal issues to be clarified. *International law studies*, 90, pp.308–340.

Sassoli, M.(2019). International humanitarian law: Rules, controversies, and solutions to problems arising in warfare. Edward Elgar Publishing.

Scharre, P.(2018). Debating slaughterbots and the future of autonomous weapons. *IEEE technology and society magazine*, 37(3), pp.28–33.

Singer, P. W.(2009). *Wired for war: The robotics revolution and conflict in the 21st Century.* Penguin Press.

Singer, P. W. & Cole, A.(2015). *Ghost fleet: A novel of the next world war.* Houghton Mifflin Harcourt.

von Clausewitz, C.(1989). *On war* (M. Howard & P. Paret, Trans.). Princeton University Press.

01
전쟁의 역사와 기술의 진화: 혁명적 도약들

기술은 전쟁의 양상을 끊임없이 변화시켜 왔다. 화약의 발명부터 AI까지, 혁신적 기술은 전장의 주역과 전략을 재편해 왔다. 크레시 전투의 장궁부터 현대의 자율 무기까지, 기술이 전쟁에 미친 영향을 탐구한다. 나아가 AI가 가져올 미래 전쟁의 모습과 그에 따른 윤리적 도전을 고찰한다.

AI와 1인 창업?

전쟁과 기술: 무기 혁신이 전장의 판도를 바꾸다

기술은 전쟁의 양상을 끊임없이 변화시켜 왔다. 화약의 발명은 중세 성곽을 무력화했고, 증기 기관은 병력 이동의 속도를 혁신적으로 높였다. 20세기에는 핵무기가 등장하며 전쟁의 억지 개념을 재정의했다. 이제 21세기, 인공지능(AI)과 자율 무기 시스템은 전쟁의 새로운 패러다임을 열어 가고 있다. 본 장에서는 기술 발전이 전쟁의 주역과 양상을 어떻게 변화시켜 왔는지 분석하고, AI가 미래 군사 혁명을 이끌 잠재력을 탐구한다.

전쟁 주역의 변화: 기술 진보와 화기

1346년 8월 26일, 프랑스 북부 크레시(Crecy)에 잉글랜드의 군대와 수천 명의 중무장한 프랑스 기사들이 위풍당당하게 마주 보고 서 있었다. 전날 쏟아진 비에 땅은 거대한 진창이 되어 있었으나, 프랑스 기사들의 화려한 갑옷과 방패, 거대한 전투마로 빛났다.

잉글랜드군은 프랑스군에 비하면 매우 남루했다. 잉글랜드의 주축은 평민 보병이었으며, 무장병(men at arms)과 궁병으로 구성되었다. 무엇보다 잉글랜드 궁병이 소지했던 장궁(longbow)는 주목나무 단일 재료로 만들었으나, 주목나무의 변재와 심재 구성으로 말미암아 합성궁과 비슷한 능력을 지녔다. 또한, 장궁은 합성궁에 비해 저렴했으며, 습기에 강하고 보관도 쉬웠다. 단점이라면, 장력이 높고 다루기가 매우 어려워 오랜 기간 수련해야 한다는 점이었다.

잉글랜드군과 가장 먼저 격돌했던 것은 제노바 쇠뇌병이었다. 당시 쇠뇌는 매우 값비싸고 다루기 어렵기 때문에 이를 다루는 것은 징집병이 아니라 전문적인 용병이었다. 이들은 프랑스뿐 아니라 유럽 각국에 고용되어 기사와 함께 전장의 판도를 이끄는 주역으로 활동했다.

문제는 날씨였다. 끊임없이 쏟아졌던 비 때문에, 한 발을 걸고 장전해야 하는 쇠뇌가 계속 미끄러져 도무지 잉글랜드 장궁병에 대항할 수가 없었다. 더군다나 지형 또한 불리하여 자꾸 사상자가 발생하자 결국 패퇴하기 시작했다.

멀리서 프랑스 기사들은 이를 바라보며 분통이 터졌다. 이전에도 제노바 용병들은 밀린 급료를 핑계로 전장에서 멋대로 후퇴하곤 했는데, 이번 또한 용병들이 멋대로 퇴각하는 것처럼 보였다.

분노한 프랑스 기사들이 전진하기 시작했다. 특히 숱한 전투와 중병기로 무장한 프랑스 기사들은 눈앞에 있는 배신자(라고 오판한) 제노바 용병들부터 쓸어버렸다. 그리고 이내 잉글랜드군을 향해 돌격하기 시작했다.

프랑스 기사들의 돌격을 바라보며 잉글랜드 장궁병들은 기사보다 말을 노렸다. 미끄러운 전장과 기병 돌격을 방해하는 장애물들로 프랑스 기사들은 줄줄이 말에서 떨어지기 시작했다. 심지어 넘어진 기사들은 진창에 빠져 제대로 일어날 수도 없었다.

허우적거리는 기사들을 향해 잉글랜드군 보병들이 달려들기 시작했다. 그들은 귀족만큼 고귀한 신분은 아니었으나, 매우 강인한 전사였으며, 기사들이 경멸했던 짧은 단검과 망치로 무장했다. 이내 보병들은 탐욕스러운 눈빛으로 프랑스 귀족 기사들의 면갑을 열고 목과 얼굴을 찔러 죽이기 시작했다. 그리고 반지와 값나가는 것들을 챙기기 시작했다.

전장에서는 학살극이 벌어졌다. 이 전투로 프랑스군은 최소 1만~3만의 사상자가 발생했으며, 제후 11명을 비롯해, 1200여 명의 기사가 죽었다. 잉글랜드의 사상자는 수백에 불과했다.

시간이 흘러 15세기 중반, 화약 병기가 유럽 전역으로 퍼지기 시작했다. 화약 병기는 아직 크게 발전하기 이전이라 비싸고 거추장스러웠지만, 일단 장전만 된다면 10

살 어린아이도 기사를 한 방에 제압할 수 있는 무기였다.

당연하게도 기사들은 이런 무기들을 반기지 않았다. 화약 병기는 기사들이 어렵게 쌓아 올린 전투 기술과 신분 질서를 무너뜨리는 명예롭지 못한 무기라고 생각했다. 그리고 무엇보다 여전히 전장은 아직 기사와 스위스 용병이 지배하는 냉병기의 시대였다.

1525년, 이탈리아의 패권을 두고 신성로마제국 카를 5세와 프랑스 프랑수아 1세가 파비아 지역에서 격돌했다. 양측의 군대는 모두 대포와 화승총으로 무장되어 있었으나, 전투가 진행됨에 따라 각기 다른 양상을 보이기 시작했다. 프랑스는 여전히 중갑 기병을 중심으로 병력을 운용했으며, 신성로마의 경우에는 보병이 중심이 되어 테르시오(스페인 방진)를 구축했다. 테르시오는 기존 냉병기 중심의 구성과는 매우 달랐다. 장창병이 1열에서 적 기병과 보병의 진격을 막고, '아르케부스(arquebus)'라고 불리던 화승총병이 일제 사격을 펼쳤다.

프랑스군이 보유한 포는 신성로마를 앞서 있었으나, 프랑스 기병대는 무리하게 돌격하면서 번번이 포의 사격을 방해했다. 또한 프랑스 기병들은 전장을 활주하며 아군 보병과 거리가 멀어지기 시작했고, 더욱이 신성로마의 테르시오를 뚫는 데에 실패했다. 결과적으로 프랑스 기병들은 신성로마의 화승총 부대에 각개 격파를 당해 15000명의 사상자가 발생했고 프랑수아 1세 또한 포로로 잡혔다. 반면, 카를 5세의 사상자는 500여 명뿐이었다.

전장에서의 기술적 진보는 전쟁의 승패뿐 아니라 사회 전체의 변화를 이끌어 낸다. 곧 앞선 사례에서 크레시 전투가 소모품 취급을 받던 보병이 기병을 상대로 승리한 전투였다면, 파비스 전투는 화기의 집중 운용과 기사 계급의 몰락을 나타내는 사건이었다.

이전까지 유럽에서의 전쟁은 전문적 군인 계층인 기사와 용병이 중심이 되었다. 그들은 일평생 전장을 누비며 전투 기술을 갈고닦았고, 값비싼 갑옷과 쇠뇌 등 전문적인 무기로 무장했다. 또한 기사들이 영위하던 영지(fief)는 본래 군사적 봉사의 대가로 지급되었으나, 시간이 지나며 점차 세습화되었다.

전장 주역의 변화는 사회적 변화로 이어졌다. 크레시 전투를 전후로, 잉글랜드군의 핵심이었던 경기병과 장궁병으로 복무했던 요먼(yeoman) 계층은 14~15세기를 거치며 독립적 자영농 계층으로 성장했고, 자연스럽게 사회적 지위도 상승하게 되었다. 또한 화약 무기의 보급과 집단 운용이 보편화되면서 소수의 기사나 용병들이 지배하던 전장의 중심은 점차 시민들로 구성된 상비군으로 바뀌기 시작했다. 이제 시민은 과거처럼 단순히 세금과 노동력만을 제공하는 존재에서 벗어나, 병역을 통해 국가 군대의 실질적 주체로 자리 잡았다. 군대는 이제 왕의 사병 집단이 아니라 국가와 시민 전체의 공동 운명을 짊어진 '국민의 군대'로 인식되기 시작했으며, 국가와 시민이 긴밀히 결합된 민족 국가(nation-state)의 개념이 등장했다.

이처럼 개인에서 출발한 시민들이 점차 민족과 국가를 형성하며 정치적으로도 중요한 주체로 성장하자, 막스 베버(Max Weber)가 지적한 바와 같이 국가는 일정한 영토 내에서 정당한 폭력을 합법적으로 독점하는 조직이 되었다. 국가가 합법적으로 폭력을 독점하기 위해서는 주류 계층으로 성장한 시민들의 정치적 동의가 필수적이었으며, 이는 곧 민주적 합의와 법치(rule of law)라는 근대 민주주의의 토대를 형성하게 되었다. 결국, 기술적 변화로 시작된 전장의 혁신은 군사적 영역을 넘어 사회·정치적 혁명으로 이어졌던 것이다.

기관총과 철도: 총력전의 여명

1861년, 미국 남북 전쟁의 포화 속에서 리처드 개틀링은 전쟁의 양상을 바꿀 혁명적인 무기를 구상했다. 그의 목표는 역설적으로 전쟁을 끝내는 것이었다. 개틀링은 "한 사람이 100명의 전투 임무를 수행할 수 있는 기관총을 만들면, 대규모 군대의 필요성이 줄어들어 전쟁과 질병으로 인한 피해를 크게 줄일 수 있을 것"이라고 생각했다.

농부의 아들이었던 개틀링은 어릴 때부터 발명에 재능이 있었다. 그는 자신이 만든 벼 파종기를 개조해 탄약을 자동으로 공급하는 장치를 만들었고, 이를 중심으로 개틀링건을 설계했다. 1862년, 그는 마침내 최초의 기관총 특허를 받았다.

하지만 개틀링의 발명품은 처음에는 크게 주목받지 못했다. 남부 출신이라는 이유로 북군 지도부의 의심을 받았고, 첫 생산된 6정은 공장 화재로 모두 파괴되는 불운을 겪었다. 그러나 개틀링은 포기하지 않았다. 그는 신시내티의 공장에서 13정을 추가로 제작했고, 벤저민 버틀러 장군이 12정을 구매하면서 첫 전투 경험을 얻게 되었다. 개틀링건의 위력은 놀라웠다. 분당 수백 발을 발사할 수 있었던 개틀링건은 1864년 피터스버그 전투에서 처음 투입되어 남군의 대규모 공격을 순식간에 분쇄했다.

한편, 남북 전쟁 시기 철도는 물자 운송 수단을 넘어 전략적 자산으로 자리 잡기 시작했다. 특히, 철도는 병력과 물자를 수송하고, 생산 시설과 전장을 연결해 전쟁의 지속성을 높여 장기간의 총력전을 가능케 했다. 남북 전쟁 직전 북군은 전체 철도망의 70%, 철도 설비의 81%를 장악하고 있었는데, 이를 고려하면 남군은 개전 전부터 이미 패배한 것이나 마찬가지였다.

남북 전쟁 이후 미국은 대륙 횡단 철도의 건설을 추진했다. 이에 따라 센트럴 퍼시픽(Central Pacific)과 유니언 퍼시픽(Union Pacific) 두 회사가 각각 서부와 동부 구간을 맡게 되었으며, 1869년 완공되어 대서양과 태평양을 잇게 되었다.

기관총과 철도의 등장은 전쟁의 본질을 변화시켰다. 과거의 전쟁이 단기간의 결전으로 끝나곤 했다면, 이제는 장기간 지속되는 총력전이 가능해졌다. 기관총은 전장에서 압도적인 화력을 제공했고, 철도는 이를 뒷받침하는 물자와 병력을 신속히 이동시켰다.

이러한 변화는 국가 전체가 전쟁에 참여하는 현대적 총력전의 효시로 평가된다. 생산과 운송, 그리고 살상 기술이 결합되어 전쟁은 더는 군인들만의 문제가 아니라 국가 전체의 역량이 시험대에 오르는 과정으로 변모

했다.

핵무기에서 자율 무기까지

1945년 8월, 미국이 일본 히로시마와 나가사키에 원자폭탄을 투하하면서 핵무기는 전 세계에 그 파괴력을 각인시켰다. 이제 전쟁은 단순한 군사적 · 정치적 승리가 아니라, 국가와 공동체 모두의 생존, 그리고 인류의 생존 문제로 직결되기 시작했다.

이후 냉전 시기, 핵무기는 국가 간 힘의 균형을 유지하는 억지력(deterrence)의 핵심 요소로 자리 잡았다. 미국과 소련은 수소 폭탄 개발 경쟁을 통해 파괴력을 극대화했고, MIRV(multiple independently targetable re-entry vehicle, 다탄두 각개 목표 설정 재돌입 비행체) 기술을 통해 복수 목표를 동시에 공격할 능력을 확보하기도 했다.

핵무기의 발전은 군사적 억지력뿐만 아니라 국제 정치와 안보 질서를 재편했다. 미국과 소련은 핵무기를 통해 군사적 우위를 확보하려 했지만, 동시에 핵 확산 방지와 비핵화를 위한 국제 협력도 시작되었다. 이제 핵 기술은 단순히 군사적 도구를 넘어 정치적 위상과 국가 정체성을 형성하는 중요한 역할을 수행하기 시작했다.

그러나 시간이 흐르며 전쟁의 양상은 다시 한번 요동치기 시작했다. 특히, 최근 10년간 인공지능과 자율 무기 체계(LAWS)는 눈부신 발전을 거듭하며 전쟁의 새로운 주역으로 떠오르고 있다.

2020년 나고르노-카라바흐 분쟁에서 아제르바이잔군이 사용한 튀르키예의 바이락타르 TB2 드론은 아르메니아군의 탱크와 방공 시스템을 초토화하며 드론 전쟁 시대를 열었다. 당시 TB2 드론은 아르메니아군의 주력 전차와 거점을 차례로 격파하며, 기존 무기 체계를 보완하는 역할을 수행했다. 그런데 불과 수 년 만에 러시아·우크라이나 전쟁에서는 AI 기반 자율 드론이 사용되고 있다.

이와 관련해 미 국방성은 지난 2012년 지침(DoD Directive) 3000.09를 통해 자율 무기 체계를 정의하며, 자율 무기가 미래 전장에서 지배적인 역할을 할 것으로 전망했다. 이제 자율 무기 체계는 전장의 상황을 실시간으로 분석하고 최적의 작전 방안을 '스스로' 결정할 수 있는 완전한 자율성을 갖추게 될 날이 얼마 남지 않은 것으로 보인다. 이는 군사 작전의 효율성을 극대화하는 한편, 인간의 판단과 윤리적 책임을 배제한다는 점에서 논란을 불러일으키고 있다.

참고문헌

고봉준(2021). 미래전과 자율무기체계의 미중경쟁과 한국. ≪정치·정보연구≫, 24(2), 1-30쪽.

김강녕(2023). 미국 남북전쟁의 전개와 의의 및 교훈. ≪한국과 세계≫, 5(4), 61-96쪽.

윤대엽(2024). 인공지능의 무기화 경쟁과 인공지능 군사혁신. ≪국제정치논총≫, 64(1), 333-369쪽.

Black, J.(2013). *War and technology*. Indiana University Press.

Chin, W.(2025). *War, technology and the state*. Bristol University Press.

Griffin, S.(2017). Military innovation studies: Multidisciplinary or lacking discipline?. *Journal of strategic studies*, 40, pp.196-224

Horowitz, M. C. & Pindyck, S.(2021). *What is a military innovation and why it matters* (SSRN Working Paper).

Turchin, P. et al.(2021). Rise of the war machines: Charting the evolution of military technologies from the neolithic to the industrial revolution. *PLOS one*, 16(10). doi:10.1371/journal.pone.0258161

U.S. Department of Defense(2012). *Directive 3000.09: Autonomy in weapon systems*. DoD.

United Service Institution of India(2021). *Impact of technology on warfare*. USI Press.

02
산업 혁명? 지식 혁명? 사회 혁신과 전쟁

워털루 전투 이후 전쟁은 두 차례 혁명적 변화를 겪었다. 산업 혁명은 무기와 군사 조직을 변화시켰고, 지식 혁명은 전쟁을 사이버 공간으로 확장했다. 증기 기관에서 AI까지 기술 발전이 전쟁과 사회에 미친 영향을 탐구하며, 미래 전쟁의 모습을 전망한다.

AI와 MBTI?

산업 혁명과 군사 혁신: 무기에서 조직까지

19세기 산업 혁명은 전쟁의 양상을 근본적으로 변화시켰다. 증기 기관의 발명, 철강 생산 기술의 발전, 그리고 대량 생산 시스템의 도입은 전쟁 수행 방식을 완전히 뒤바꾸어 놓았다. 이는 단순히 무기 체계의 발전에 그치지 않고, 군사 조직과 전략, 나아가 전쟁에 대한 인식 자체를 변화시켰다.

대량 생산, 표준화, 그리고 총력전의 탄생

19세기 산업 혁명은 전쟁의 양상을 근본적으로 변화시켰다. 증기 기관의 발명, 철강 생산 기술의 발전, 그리고 대량 생산 시스템의 도입은 전쟁 수행 방식을 완전히 뒤바꾸어 놓았다. 이는 단순히 무기 체계의 발전에 그치지 않고, 군사 조직과 전략, 나아가 전쟁에 대한 인식 자체를 변화시켰다.

1798년, 미국 정부는 엘리 휘트니에게 1만 정의 머스킷을 2년 안에 만들어 달라는 주문을 했다. 휘트니는 혁신적인 아이디어를 제시했다. 총의 부품을 규격화하고 기계로 대량 생산하자는 것이었다. 그는 각 부품을 정확히 같은 크기와 모양으로 만들어 어떤 총에도 호환될 수 있게 했다. 이는 '교환 가능한 부품(interchangeable parts)'

시스템의 시작이었다.

이 시스템의 영향은 즉각적이었다. 총의 생산 속도가 크게 빨라졌고, 비용은 줄어들었다. 더 중요한 것은 수리가 쉬워졌다는 점이다. 전장에서 부서진 총을 고치기 위해 이제 숙련된 장인이 필요하지 않았다. 누구나 부품만 교체하면 되었다. 휘트니의 혁신은 군사 생산의 효율성을 증대시켰을 뿐 아니라, 산업 전반에 표준화 문화를 확산시켰다.

한편, 산업 혁명으로 인한 철도의 확대는 혁명적인 보급 체계의 변화로 이어졌다. 특히, 1870년 프로이센-프랑스 전쟁에서 프로이센은 철도를 이용해 38만의 대군을 단 3주 만에 프랑스 국경에 집결시켰다. 이는 나폴레옹 시대의 행군 속도와는 비교할 수 없는 것이었다. 이제 전쟁은 전선의 군인들만의 문제가 아니었다. 국가의 모든 자원과 인력이 동원되는 총력전의 시대가 열린 것이다.

예컨대, 1차 세계 대전 당시 영국은 1914년부터 1918년까지 400만 대의 소총, 25만 기관총, 5만 2000문의 야포를 생산했다. 이는 나폴레옹 전쟁의 생산량과 비교할 때 전 부문에서 생산량이 최소 6배 이상에 해당하는 수치였다. 이 엄청난 전쟁 물자는 철도를 통해 신속하게 전장으로 공급되었다. 곧, 이제 전쟁 승패의 향방은 공장 노동자의 생산량에서 군인의 손에 닿기까지, 철도의 위대한 여정에 달려 있었다.

산업 혁명은 민간인을 전쟁의 주요 행위자이자 피해자로 만들었다. 이는 전쟁이 단순히 군대 간의 충돌을 넘어 국가 전체를 동원하는 총력전의 성격을 띠게 되었기 때문이다. 민간인은 군수품 생산, 정보 제공, 그리고 심리적 압박의 대상이 되었으며, 도시는 전쟁의 주요 표적이 되었다.

1차 세계 대전 중 독일은 체펠린 비행선을 이용해 영국 도시를 공습했다. 1915년 1월, 독일 체펠린은 영국 동부 해안 도시인 그레이트 야머스와 킹스 린을 폭격해 민간인 사망자를 발생시켰다. 이는 역사상 최초로 민간인을 대상으로 한 공중 공격이었다. 이후 1917년 6월 13일, 독일 고타 G.IV 폭격기들이 런던을 공격해 162명의 사망자와 432명의 부상자를 냈다. 이러한 공습은 단순히 군사적 목표를 넘어 영국 국민에게 심리적 충격을 주려는 의도에서 이루어졌다.

민간인의 동원도 확대되었다. 미국에서는 전쟁 채권 판매를 통해 시민들을 전쟁 경제에 적극적으로 참여시켰다. 정부는 '자유 채권(Liberty Bonds)'이라는 이름으로 국민에게 자금을 모았으며, 이는 전쟁 비용의 상당 부분을 충당하는 데에 기여했다. 당시 포스터에는 "당신이 채권을 사지 않으면 독일군이 당신의 집에 올 것이다"라는 문구가 적혀 있어 시민들의 애국심과 두려움을 동시에 자극했다.

2차 세계 대전에서 도시 폭격은 더욱 광범위하게 이루어졌다. 참전국들이 전시 경제로 전환됨에 따라, 산업적 기반을 파괴하기 위한 목적도 있었으나, 국민의 저항 의지를 꺾기 위한 목적도 있었다. 이에 따라 런던, 드레스덴, 도쿄 등 참전국의 주요 도시가 파괴되고 수많은 민간인이 사망했다. 이로써 2차 세계 대전 중 모든 당사국을 포함하여 군인 사상자는 2100만~2550만 명으로 추산되지만, 민간인 사상자는 약 2배인 5000만~5500만 명으로 추산된다. 특히, 히로시마와 나가사키에 투하된 핵공격은 일순간에 약 15만 명의 민간인 사상자를 발생시켰으며, 여기에는 약 3만 명의 한국인도 포함되었다.

이제 총력전 기반의 현대전에서 민간인은 더는 보호받는 존재가 아니라, 전쟁 전체 과정에 직간접적 행위자가 되었으며, 가장 큰 피해를 당하게 되었다.

지식 혁명? 산업 혁명?

21세기에 들어서면서 전쟁의 양상은 또다시 큰 변화를 맞이하고 있다. 이른바 '지식 혁명'은 산업 혁명과는 근본적으로 다른 변화를 일으키고 있다. 데이터와 알고리듬이 새로운 전쟁의 '화약'이 된 것이다.

산업 혁명이 철강과 증기 기관을 중심으로 발생했다면, 지식 혁명은 AI와 양자 컴퓨팅을 중심으로 폭발적 발전을 이룩했다. 또한, 산업 혁명이 대량 생산과 표준화가 특징이라면, 새로운 지식 혁명은 맞춤형 생산과 빅데이터 분석을 통한 개인화를 특징으로 하고 있다.

이러한 변화는 군사 분야에서도 뚜렷하게 나타나고 있다. 과거의 군사 기술 혁신은 검은 화약에서 무연 화약으로, 그리고 핵무기에 이르기까지 '화력'을 중심으로 일어났다. 그러나 지식 혁명 시대의 군사 기술 혁신은 '정교함'을 중심으로 일어나고 있다.

2022년 우크라이나 전쟁에서 우크라이나군은 다수의 드론을 활용하여 자폭 공격을 감행하거나, 다양한 식별 장치를 통해 적의 이동 현황을 파악하는 데에 사용되었다. 특히, 우크라이나군은 미국과 서방이 제공하는 다양한 AI 자산을 활용해 러시아군 차량을 신속히 식별했다. 또한, AI와 연결된 다양한 드론이 적 특수 부대의 이동

경로를 신속하게 파악하고, 자폭 드론들은 전장의 사신으로 등극했다. 더욱이 자폭 드론의 화력 자체는 재래 병기보다 우수하지는 않지만, 표적을 식별하고 공격하는 능력과 장치 조작 난이도는 비교할 수 없을 만큼 쉽다. 더 나아가, 사이버 공간에서의 전쟁도 현실화되고 있다. 이미 2010년 스턱스넷(Stuxnet) 바이러스는 이란 우라늄 농축 시설에 심각한 피해를 입혔으며, 1,000여 대의 원심 분리기에 피해를 주었다.

이러한 기술의 발전은 새로운 윤리적 도전을 제기하고 있다. 특히 자율 무기 체계의 등장은 국제 사회에 큰 논란을 일으키고 있다. UN은 LAWS 사용 규제 협상을 진행 중이지만, 주요 강대국들은 기술 우위 유지를 위해 반대하고 있다. 이에 대해 유발 하라리(Yuval Noah Harari)는 데이터 독점이 과거의 영토 독점보다 위험하다고 지적한다. 곧, 이제 강대국은 군대를 보내지 않고도 데이터를 통해 국가를 지배할 수 있게 되는 것이다. 또한 AI를 이용한 가짜 정보의 생성과 유포도 새로운 위협으로 부상하고 있다.

산업 혁명과 지식 혁명이 가져온 이러한 변화는 우리에게 여러 가지 중요한 질문을 던지고 있다.

자율 무기가 국제법을 준수할 수 있을까? AI의 결정에 책임은 누구에게 있는가? 스타링크 위성이나 메타버스 플랫폼과 같은 민간 기술이 전장에 활용될 때, 해당 기업의 사회적 책임은 어디까지인가? 첨단 기술을 보유한 국가와 그렇지 못한 국가의 전쟁 수행 능력 차이는 어떻게 해소할 것인가?

산업 혁명이 물질의 전쟁을 만들었다면, 지식 혁명은 정보의 전쟁을 낳고 있다. 19세기가 증기 기관과 철도의 속도로 전장을 재편했다면, 21세기는 데이터의 흐름과 알고리듬의 판단이 승패를 좌우할 것이다. 우리에게 주어진 과제는 이러한 기술 발전의 방향을 올바르게 설정하는 것이다. 전쟁을 억제하고 평화를 유지하는 데에 기술을 어떻게 활용할 것인가? 이는 우리 시대가 풀어야 할 가장 중요한 숙제일 것이다.

참고문헌

김상배(2020). 4차 산업혁명과 첨단방위산업 경쟁: 신흥권력론으로 본 세계정치의 변환. ≪국제정치논총≫, 60(2), 87-131쪽.

맹성렬(2018). 지식정보 산업혁명 시대에 주어진 과제. ≪예술인문사회 융합 멀티미디어 논문집≫, (45), 885-893쪽.

양우진(2021). 4차산업혁명과 신 방위산업: 미-영의 기술혁신체제와 민군기술협력. ≪EU연구≫, 60, 261-292쪽.

장상국 · 최기일(2021). 미래 국방을 대비한 인공지능 기반의 방위산업 발전연구. ≪한국방위산업학회≫, 28(3), 127-143쪽.

McNeill, W. H.(1982). *The pursuit of power: Technology, armed force, and society since A.D. 1000.* University of Chicago Press.

Parker, G.(1996). *The military revolution: Military innovation and the rise of the West, 1500-1800*(2nd ed). Cambridge University Press.

Raska, M. & Zysk, K.(2023). *Defence innovation and the 4th industrial revolution: Security challenges, emerging technologies, and military implications.* Routledge.

Singer, P. W.(2009). *Wired for war: The robotics revolution and conflict in the 21st Century.* Penguin Press.

Tooze, A.(2014). *The Deluge: The great war, America and the remaking of the global order, 1916-1931.* Viking.

Tucker, S. C.(2006). *Blue & gray navies: The civil war afloat.* Naval Institute Press.

Wawro, G.(2003). *The Franco-Prussian war: The German conquest of France in 1870-1871.* Cambridge University Press.

03

자율 무기 시스템: 전쟁의 규칙을 바꾸다

AI 기반 자율 무기의 등장은 전쟁의 본질을 변화시키고 있다. 클라우제비츠의 전쟁 이론을 통해 자율 무기가 가져올 전략적 · 윤리적 도전을 분석한다. 인간의 개입 없는 전쟁이 현실화되는 시대, 우리는 어떤 선택을 해야 하는가?

AI와 난임 극복?

드론에서 킬러 로봇까지: 자율 무기의 현재와 미래

2025년, 전쟁의 풍경이 바뀌고 있다. 전장에서 인간 군인들의 모습은 점점 사라지고, 그 자리를 차가운 금속의 군단이 채우고 있다. 이들은 인공지능으로 무장한 자율 무기 시스템들이다. 과연 우리는 전쟁의 새로운 시대를 맞이하고 있는 것일까?

카를 폰 클라우제비츠(Carl von Clausewitz)는 전쟁은 정치의 연속, 즉 정치의 다른 수단일 뿐이라고 말했다. 그러나 오늘날, 이 유명한 전제는 중대한 도전에 직면하고 있다. 자율 무기 시스템의 등장으로 전쟁과 정치의 관계가 재정의되고 있기 때문이다. 과연 AI가 정치적 목표를 정확히 이해하고 실행할 수 있을까? 아니면 우리는 통제 불능의 기계들이 벌이는 전쟁을 목격하게 될까?

자율 무기의 현재: 꿈인가, 악몽인가?

최근 몇 년간 자율 무기 기술은 놀라운 속도로 발전했다. 이제 드론은 단순한 정찰 도구를 넘어 독자적으로 표적을 식별하고 공격하는 수준에 이르렀다. 예를 들어, 이스라엘 항공우주산업(IAI)의 하로프(Harop) 드론은 레이더 신호를 감지하면 자동으로 공격을 감행한다. 이는 마치 SF 영화에서나 볼 법한 장면이 현실이 되고 있음을 보여 준다.

2020년 나고르노-카라바흐 분쟁에서 아제르바이잔군이 하로프 드론을 사용한 사례는 자율 무기의 실전 능력을 입증했다. 이 드론들은 아르메니아의 방공 시스템을 무력화시키는 데에 큰 역할을 했으며, 전쟁의 승패를 좌우했다는 평가를 받았다. 이는 자율 무기가 단순한 보조 수단이 아니라 전쟁의 핵심 요소로 자리 잡고 있음을 보여 준다.

그러나 이러한 발전은 심각한 우려를 낳고 있다. 과연 기계가 인간의 생명을 좌우하는 결정을 내리는 것이 옳은가? 피터 애서로(Peter Asaro)는 "생명과 사망에 관한 결정을 기계에 맡기는 것은 근본적으로 비윤리적"이라고 주장한다. 그의 주장은 단순히 도덕적 문제를 넘어, 인간의 존엄성과 생명의 가치에 대한 질문을 제기한다.

더불어 자율 무기의 사용은 전쟁의 책임 소재를 모호하게 만든다. 만약 자율 무기가 민간인을 오인 공격했을 때, 누가 책임져야 할까? 무기를 개발한 엔지니어? 사용을 명령한 지휘관? 아니면 AI 자체? 이는 국제법과 전쟁 윤리의 새로운 도전이 되고 있다.

전략의 혁명: 체스판 위의 AI

자율 무기 시스템은 인간보다 빠르고 정확하게 상황을 분석하고 대응하여 전장의 패러다임을 바꾸고 있다. 미국방성의 '프로젝트 메이븐(Project Maven)'은 AI를 활용해 드론 영상을 분석하고 표적을 식별하는 시스템이다. 이 프로젝트는 2017년에 시작되어 현재까지 지속적으로 발전하고 있으며, 미군의 정보 분석 능력을 크게 향상시켰다.

프로젝트 메이븐의 성공은 AI가 전장에서 얼마나 중요한 역할을 할 수 있는지를 보여 준다. AI는 인간이 처리하기 어려운 대량의 데이터를 신속하게 분석하고, 패턴을 찾아내며, 위협을 식별할 수 있다. 이는 전술적 우위를 제공할 뿐만 아니라, 전략적 의사 결정에도 큰 영향을 미칠 수 있다.

그러나 이러한 변화는 새로운 위험도 내포하고 있다. 폴 샤레(Paul Scharre)는 AI 시스템 간의 상호 작용이 예측할 수 없는 결과를 낳을 수 있다고 경고한다. 그의 우려는 '플래시 크래시(Flash Crash)'라고 불리는 2010년 미국 주식 시장의 급락 사건을 떠올리게 한다. 당시 알고리듬 트레이딩 시스템들의 상호 작용이 예상치 못한 시장 붕괴를 초래했다. 만약 이와 유사한 일이 전장에서 벌어진다면 그 결과는 상상을 초월할 것이다.

더욱이 AI의 의사 결정 과정은 종종 '블랙박스'로 여겨진다. 즉, AI가 어떤 근거로 특정 결정을 내렸는지 인간이 완전히 이해하기 어려울 수 있다. 이는 전략적 판단을 AI에 의존할 때 발생할 수 있는 심각한 문제점이다. 우리는 AI의 결정을 맹목적으로 따라야 할까? 아니면 인간의 직관과 경험을 더 신뢰해야 할까?

새로운 전쟁: 사이버 공간과 정보전

자율 무기 시스템의 발전은 전쟁의 영역을 물리적 공간에서 사이버 공간으로 확장시키고 있다. 2010년 발견된 스턱스넷 바이러스는 이란의 핵 시설을 타격한 최초의 사이버 무기로 알려져 있다. 이는 물리적 공격 없이도 적국의 주요 시설을 무력화할 수 있음을 보여 주었다.

사이버 공간에서의 전쟁은 전통적인 전쟁과는 다른 양상을 띤다. 공격자의 신원을 확인하기 어렵고, 공격의 영향이 즉각적으로 드러나지 않을 수 있다. 더욱이 민간 기업이나 개인이 국가 수준의 사이버 공격 능력을 보유할 수 있다는 점에서, 전쟁의 주체가 모호해지고 있다.

정보전 또한 새로운 전쟁의 형태로 부상하고 있다. AI를 이용한 딥페이크 기술은 허위 정보를 생성하고 확산

시키는 데에 사용될 수 있다. 2016년 미국 대선에서 러시아의 개입 의혹은 정보전이 얼마나 강력한 영향력을 미칠 수 있는지를 보여 주었다. 앞으로 AI가 더욱 발전한다면, 우리는 진실과 거짓을 구분하기 더욱 어려워질 것이다.

미래 전장의 모습: 인간 없는 전쟁?

자율 무기 시스템의 발전은 미래 전장의 모습을 근본적으로 바꿀 것이다. 어쩌면 우리는 로봇들만이 싸우는 전쟁을 보게 될지도 모른다. 이는 인간의 생명을 보호한다는 점에서 긍정적으로 보일 수 있다. 그러나 동시에 전쟁의 비인간화, 그리고 그로 인한 윤리적 문제를 야기할 수 있다.

더욱 우려되는 것은 자율 무기 기술의 확산이다. ISIS와 같은 테러 조직들이 상업용 드론을 개조해 폭발물을 장착하고 공격에 사용했던 사례는 이미 보고된 바 있다. 2017년 모술 전투에서 ISIS는 이러한 개조 드론을 사용해 이라크군과 민간인을 공격했다. 이는 자율 무기 기술이 테러리스트들의 손에 들어갈 경우 얼마나 위험할 수 있는지를 보여 준다.

한편, 자율 무기의 발전은 전쟁의 속도를 급격히 증가

시킬 수 있다. AI 시스템은 인간보다 훨씬 빠르게 상황을 분석하고 대응할 수 있기 때문이다. 이는 '초고속 전쟁(hyperwar)'이라는 새로운 개념을 낳았다. 존 앨런(John Allen)과 아미르 후세인(Amir Husain)은 초고속 전쟁에서는 인간의 의사 결정 속도가 전쟁의 병목이 될 것이라고 경고한다. 이는 결국 인간을 의사 결정 과정에서 배제하고 AI에게 더 많은 자율성을 부여하게 만들 수 있다.

또한 자율 무기 시스템의 발전은 새로운 형태의 군비 경쟁을 촉발하고 있다. 각국은 더 똑똑하고 더 빠르며 더 치명적인 AI 무기를 개발하고자 경쟁하고 있다. 이는 마치 20세기의 핵무기 경쟁을 연상케 한다. 그러나 AI 무기는 핵무기보다 더 예측하기 어렵고 통제하기 어렵다는 점에서 더 위험할 수 있다.

그럼에도 미국 · 중국 · 러시아를 비롯한 주요 강대국들은 경쟁적으로 자율 무기 개발에 막대한 투자를 하고 있다. 예를 들어, 미 국방성은 2021년 AI 관련 예산으로 약 8억4000만 달러를 책정했다. 중국은 2030년까지 AI 분야에서 세계 선두가 되겠다는 목표를 공개적으로 선언했다. 이러한 경쟁은 기술 발전을 가속화하지만, 동시다발적인 강대국 간 안보 경쟁을 촉발하고 있다.

특히 우려되는 것은 AI 기술의 이중 목적성(dual-use,

dual-purpose)이다. 이는 인공지능 기술이 민간 분야에서 개발되었음에도 불구하고 군사적 목적으로 손쉽게 전용될 수 있는 특성을 의미한다. 이러한 특성은 인공지능 기술이 가진 높은 유연성과 확장성에서 기인한다. 예컨대, 자율 주행차 기술은 민간 교통 분야에서 안전성과 효율성을 높이기 위한 목적으로 발전해 왔으나, 동일한 기술이 자율 무기 시스템 개발에 직접 활용될 수 있다. 곧, 자율 주행 기술의 핵심 요소인 경로 탐색 알고리듬, 센서 기반 환경 인식 기술, 장애물 회피 기능 등이 무인 지상 차량(UGV)이나 드론 등 다양한 무기 플랫폼에 통합될 경우, 정밀 타격과 자동화된 공격 수행이 가능해진다.

이러한 기술적 특성은 AI 기술의 발전이 의도치 않은 군비 경쟁을 촉발할 가능성을 높인다. 특정 국가가 민간 기술의 군사적 전환을 통해 군사 우위를 확보하려는 경우, 경쟁국들은 이에 대응하기 위해 유사한 AI 기술을 군사화하게 되고, 이는 앞서 언급한 것처럼 안보 딜레마를 심화시키는 요인이 된다. 더욱이 AI 기술은 상대적으로 저비용으로 개발 · 활용할 수 있다는 특성상, 전통적 강대국뿐만 아니라 비국가 행위자나 테러 단체까지도 첨단 기술을 이용한 비대칭 전술을 구사할 위험성도 내포하고 있다.

이러한 상황에서 국제 사회는 자율 무기에 대한 규제를 논의 중이다. UN과 시민 단체들은 '킬러 로봇 금지 캠페인'을 통해 이를 제한하려 하고 있다. 다만, 2013년부터 UN 특정재래식무기협약(CCW) 틀 내에서 자율 무기 시스템에 대한 다양한 논의가 진행되고 있으나, 주요 강대국들의 반대로 현재까지 가시적인 성과는 찾기 어렵다.

이와 연관하여 메리 웨어햄(Mary Wareham) 등 인권 활동가들은 자율 무기에 대한 포괄적인 금지를 주장하고 있다. 그들은 자율 무기가 국제 인도법을 준수할 수 없으며, 전쟁의 문턱을 낮춰 세계 평화를 위협할 것이라고 경고한다. 반면, 일부 국가와 전문가들은 자율 무기가 오히려 민간인 피해를 줄이고 전쟁을 더 '인도적'으로 만들 수 있다고 주장하기도 한다. 어떤 주장이 향후 우리가 직면하게 될 미래를 예측하고 있는지는 알 수 없으나, 분명한 것은 AI은 본질적으로 우리의 삶을 바꿀 것이라는 점이다.

AI와 전략적 안정성

냉전 시대의 핵 억지 전략은 '상호 확증 파괴(MAD)' 개념에 기반했다. 그러나 AI 기반 무기 체계는 이러한 전략적 계산을 복잡하게 만든다.

예를 들어, AI 시스템이 적의 핵 발사 징후를 감지했다고 가정해 보자. 이 경우 AI는 인간보다 훨씬 빠르게 대응 발사를 결정할 수 있다. 그러나 이는 오판의 위험 또한 크게 증가시킨다. 1983년 소련의 조기 경보 시스템이 미국의 핵미사일 발사를 오인식한 사건을 떠올려 보면, AI의 오판은 재앙적인 결과로 이어질 수 있다.

더욱이 AI 시스템의 취약점을 노린 사이버 공격은 새로운 형태의 전략적 불안정성을 야기할 수 있다. 적국이 자율 무기 시스템을 해킹해 통제권을 탈취하거나 오작동을 유발할 수 있다면, 이 또한 재앙적인 안보 위협으로 이어질 것이다.

케네스 페인(Kenneth Payne)은 그의 연구 "AI 시대의 전략(Strategy in the Age of Artificial Intelligence)"에서 AI가 전략적 사고 자체를 변화시킬 것이라고 주장한다. 곧, AI는 인간과는 다른 방식으로 전략을 구상하고 실행할 수 있으며, 이제 우리에겐 전통적인 군사 전략의 재검토가 필요한 순간이 왔다.

자율 무기 시스템의 발전은 우리에게 중요한 질문을 던진다. 우리는 전쟁의 결정권을 기계(비인간 행위자)에게 넘길 준비가 되어 있는가? 만약 그렇다면, 우리는 어떻게 이를 통제하고 관리할 것인가?

이는 단순히 기술적인 문제가 아니다. 이는 우리가 어떤 미래를 원하는지, 그리고 그 미래에서 인간의 역할은 무엇인지에 대한 근본적인 질문이다. 자율 무기의 시대, 우리는 지금 역사의 갈림길에 서 있다.

이와 관련하여 토비 월시(Toby Walsh) 또한 그의 저서 『2062년: 인공지능의 시대(2062: The World that AI Made)』에서 AI가 인류의 운명을 좌우할 것으로 예측한다. 그의 말처럼, 자율 무기 시스템의 발전은 단순히 군사 기술의 진보를 넘어 인류의 미래를 결정짓는 중요한 요소가 될 것이다.

우리는 기술의 발전을 막을 수는 없다. 그러나 우리는 그 발전의 방향을 결정할 수는 있다. 다시 말해 자율 무기 시스템이 인류에게 축복이 될지, 재앙이 될지는 우리의 선택에 달려 있다. 국제 사회는 이 문제에 대해 진지하게 논의하고, 적절한 규제와 윤리적 가이드라인을 마련해야 한다.

그와 동시에, 우리는 AI 기술의 평화적 활용 가능성도 모색해야 할 필요가 있다. AI가 평화적으로 사용될 경우 분쟁 예방, 평화 유지, 인도주의적 지원 등 다양한 분야에서 활용될 수 있다. 특히, AI를 이용한 조기 경보 시스템은 갈등이 폭력적 충돌로 발전하기 전에 이를 예측하고 중재할 수 있는 기회를 제공할 수도 있다.

이렇듯 자율 무기 시스템의 발전은 양날의 검이다. 이는 전쟁의 비용을 줄이고 인명 피해를 감소시킬 수 있는 잠재력을 가지고 있지만, 동시에 전쟁의 문턱을 낮추고 통제 불능의 상황을 초래할 위험도 있는 것이다. 우리의 과제는 이 기술의 혜택을 극대화하면서도 위험은 최소화하는 것이다. 그리고 이는 국제 사회의 협력, 윤리적 고려, 그리고 신중한 정책 결정을 요구하는 복잡한 과제다.

참고문헌

김민혁(2025). 자율살상무기체계(LAWS)의 법적 · 윤리적 판단을 위한 학습 데이터셋 구축방안. ≪한국산학기술학회논문지≫, 26(1), 361-375쪽.

김보연(2022). 인공지능을 통한 전쟁수행은 정당한가: 자율무기체계를 통한 국제인도법 준수가능성을 중심으로. ≪고려법학≫, (107), 413-448쪽.

장용(2022). 미래 무인자율무기체계의 군사적 운용에 관한 연구. ≪한국군사≫, (11), 135-155쪽.

Asaro, P.(2012). On banning autonomous weapon systems: Human rights, automation, and the dehumanization of lethal decision-making. *International review of the Red Cross*,

94(886), pp.687–709.

Kareem, A. & Kenneth, P.(2015). Strategy in the age of artificial intelligence. *Journal of strategic studies*, 39(5–6), pp.793–819.

Michael, C. R.(2015). *Ethical considerations for the use of lethal autonomous weapon systems*. Master's thesis, U.S. Army Command and General Staff College.

Scharre, P.(2018). *Army of none: Autonomous weapons and the future of war*. W. W. Norton & Company.

Walsh, T.(2018). *2062: The world that AI made*. La Trobe University Press

Wendel, W. B.(2014). *Ethics and law: An introduction*. Cambridge University Press.

04
정보전과 사이버 안보: 보이지 않는 전장

21세기 전장의 새로운 영역, 사이버 공간이 주목받고 있다. 2025년 현재, 사이버 전쟁은 이제 가상의 위협이 아닌 현실로 다가왔다. 국가 간 갈등이 디지털 영역으로 확장되면서 해킹, 정보 탈취, 기반시설 공격 등 다양한 형태의 사이버 공격이 빈번히 발생하고 있다. 이는 전통적인 전쟁의 개념을 넘어, 새로운 안보 패러다임을 요구하고 있다.

AI와 사주?

사이버 전쟁과 정보 작전

2011년 6월, 미국 국방부는 사이버 공간을 육해공과 우주에 이은 '제5의 전장'으로 공식 선언했다. 이는 21세기 전쟁의 양상이 근본적으로 변화하고 있음을 보여 주는 중요한 사건이었다. 물리적 공간을 넘어 디지털 영역에서 벌어지는 이 새로운 형태의 전쟁은 국제 안보와 전략에 큰 영향을 미치고 있다.

사이버 전쟁의 정의와 특성

사이버 전쟁은 컴퓨터 네트워크를 통해 적국의 주요 인프라를 공격하거나 방어하는 행위를 말한다. 이와 관련하여 리처드 클라크(Richard Clarke)와 로버트 크네이크(Robert Knake)의 언급을 빌리자면, 사이버 전쟁은 "한 국가가 다른 국가의 컴퓨터나 네트워크에 침투해 피해나 혼란을 야기하는 행위"로 정의된다.

사이버 전쟁의 가장 큰 특징은 그 비대칭성에 있었다. 과거의 전쟁에서는 국가의 규모나 경제력, 군사력이 승패를 좌우했다. 그러나 사이버 공간에서는 소규모 해커 그룹도 국가 수준의 피해를 입힐 수 있었다. 특히, 2014년 소니 픽처스 해킹 사건은 이를 잘 보여 주는 사례였다. 북한의 해커 그룹으로 추정되는 '가디언스 오브 피스

(Guardians of Peace)'는 소니 픽처스의 내부 시스템을 완전히 마비시키고, 기밀 정보를 유출시켰다. 이는 한 기업에 대한 공격이었지만, 그 파급 효과는 미국의 국가 안보에 대한 위협으로까지 인식되었다.

사이버 전쟁의 또 다른 특징은 익명성이다. 물리적 전쟁에서는 누가 공격했는지 비교적 쉽게 알 수 있었다. 그러나 사이버 공격의 경우, 그 출처를 정확히 특정하기가 매우 어려웠다. 2016년 미국 대선 당시 발생한 민주당 전국위원회(DNC) 해킹 사건은 이를 잘 보여 준다. 미국 정보 기관들은 이 공격의 배후로 러시아를 지목했지만, 이를 명확히 증명하는 데는 상당한 시간이 걸렸다. 이러한 익명성은 국가 간 갈등을 더욱 복잡하게 만들고, 보복이나 억지의 논리를 적용하기 어렵게 만들고 있다.

사이버 전쟁의 속도 또한 주목할 만했다. 물리적 전쟁에서는 병력 동원과 무기 배치에 상당한 시간이 걸렸다. 그러나 사이버 공격은 빛의 속도로 이루어질 수 있다. 특히 2017년 발생한 워너크라이(WannaCry) 랜섬웨어 공격은 단 며칠 만에 전 세계 150개국 이상에 영향을 미쳤다. 이는 사이버 공격이 얼마나 빠르게, 그리고 광범위하게 퍼질 수 있는지를 보여 주는 사례였다.

역사를 바꾼 사이버 공격 사례

사이버 전쟁의 위험성을 잘 보여 주는 사례로 2010년 발생한 스턱스넷 공격을 들 수 있다. 스턱스넷은 이란의 나탄즈 핵 시설을 표적으로 한 컴퓨터 바이러스였다. 이 바이러스는 핵 시설의 원심 분리기 제어 시스템에 침투해 오작동을 일으켰고, 결과적으로 이란의 핵 개발 프로그램을 상당 기간 지연시켰다. 실제로 스턱스넷은 사이버 공격이 물리적 세계에 직접적인 영향을 미칠 수 있음을 보여 준 최초의 사례였다.

스턱스넷 이후에도 주목할 만한 사이버 공격 사례들이 계속해서 등장했다. 2015년과 2016년에 발생한 우크라이나 전력망 공격은 사이버 전쟁의 위험성을 다시 한 번 상기시켰다. 러시아로 추정되는 해커들이 우크라이나의 전력 시스템을 마비시켜, 수십만 가구가 한겨울에 전기 없이 지내야 했다. 이 사건은 사이버 공격이 국가 핵심 인프라를 얼마나 쉽게 무력화시킬 수 있는지를 보여 주었다.

앞서 소개한 2017 워너크라이 랜섬웨어 공격 또한 사이버 전쟁의 글로벌한 영향력을 입증했다. 이 공격은 전 세계 150개국 이상에 영향을 미쳤으며, 영국 국민보건서비스(NHS)를 비롯한 주요 기관들의 시스템을 마비시켰다. 흥미로운 점은 이 공격이 북한의 소행으로 추정된다는 것이었다. 이는 사이버 공간에서는 작은 국가도 강대국을 위협할 수 있음을 보여 주는 사례였다.

사이버 전쟁과 국제법

이러한 사이버 공격의 증가는 국제법에 새로운 도전을 제기한다. 특히, 국제법에서 다루는 전쟁법은 전통적인 '물리적' 공격을 전제로 만들어졌다. 그러나 사이버 공격은 이러한 기존의 법체계로는 포괄하기 어려운 특성이 있다. 예컨대, 사이버 공격이 '무력 공격'에 해당하는지, 그리고 이에 대한 '자위권' 행사는 어디까지 허용되는지 등의 문제는 여전히 논란의 대상이다.

이러한 문제에 대응하고자 국제 사회는 다양한 노력을 기울이고 있다. 그중 하나가 마이클 슈미트(Michael N. Schmitt)가 주도한 '탈린 매뉴얼(Tallinn Manual)' 프로젝트였다. 탈린 매뉴얼은 2013년 NATO 사이버방위센터(CCDCOE)에서 발간되었으며, 에스토니아 수도 '탈린'에 기초되어 명명되었다.

탈린 매뉴얼은 95개의 조항으로 구성되어 있는데, 주로 사이버 공간에서의 주권, 국가 책임, 전쟁에 대한 국제법적 기준을 제시하고 있다. 또한, 해킹 시 디지털 공격으로 보복 가능하다는 조항이 있으나, 이는 사이버 공격으로 인한 '인명 피해'가 발생했을 경우만으로 국한하고 있다. 여러 한계점에도 불구하고, 탈린 매뉴얼은 사이버 전쟁에 국제법을 적용하려는 최초의 체계적인 시도였다. 그러나 이 매뉴얼은 법적 구속력이 없는 전문가 의견에 불과했으며, 여전히 많은 논란의 여지를 남기고 있다.

정보 작전과 하이브리드 전쟁

사이버 공간은 단순한 기술적 공격을 넘어 정보 작전의 주요 무대가 되고있다. 특히 최근 소셜 미디어의 발달로 인해 허위 정보의 생산과 확산이 쉬워지면서, 이른바 '가짜 뉴스(fake news)'가 국가 안보의 주요 위협으로 부상했다. 2016년 미국 대선 당시 러시아의 개입 의혹은 이러한 정보 작전의 위험성을 잘 보여 주는 사례였다.

러시아는 페이스북과 트위터 등의 소셜 미디어 플랫폼을 활용해 미국 유권자들에게 허위 정보를 대량으로 유포했다. 이는 단순한 선거 개입을 넘어 미국 사회의 분열을 조장하고 민주주의 제도에 대한 신뢰를 훼손하는 결과를 낳았다. 곧, '하이브리드 전쟁'이라고 불리는 이러한 유형의 공격은 군사적 수단과 비군사적 수단을 복합적으로 활용하는 새로운 형태의 전쟁을 보여 주고 있다.

정보 작전의 위험성은 AI 기술의 발전으로 더욱 증폭되었다. 특히 딥페이크(deepfake) 기술의 등장은 정보 전쟁의 새로운 차원을 열고 있다. 딥페이크는 AI를 이용해 실제와 구분하기 어려운 합성 영상을 만들어 내는 기술로, 실제 일어나지 않은 일을 마치 실제 사건인 것처럼 조작할 수 있다. 이제, 이 기술을 활용하면 국가 지도자의 발언을 조작하거나, 존재하지 않는 사건을 만들어 내는 것도 가능하다.

이와 관련하여, 2018년 벨기에에서는 도널드 트럼프 미국 대통령이 지구 온난화에 대해 벨기에 국민들에게 연설하는 딥페이크 영상이 퍼져 논란이 되었다. 비록 이는 사회적 실험의 일환으로 제작된 것이었지만, 이 사건은 딥페이크 기술이 얼마나 위험할 수 있는지를 잘 보여주었다. 만약 이러한 기술이 악의적인 목적으로 사용된다면, 그 파급 효과는 상상을 초월할 것이다.

이러한 새로운 위협에 대응하기 위해 각국은 다양한 전략을 수립하고 있다. 미국은 2018년 사이버 사령부를 독립 통합군으로 승격시키고, 더욱 공세적인 사이버 전략을 채택했다. 중국은 '사이버 주권' 개념을 주장하며 자국 내 정보 통제를 강화했다. 러시아 또한 정보전 능력 강화에 주력했으며, 북한은 사이버전 대응 부대를 확대하고 있다.

그러나 이러한 개별 국가의 노력만으로는 사이버 공간의 안전을 보장하기 어렵다. 곧, 사이버 공간의 초국경적 특성상, 국제적 협력은 필수적이지만, 현실은 그다지 낙관적이지 않다.

디지털 시대의 안보 과제

사이버 전쟁과 정보 작전의 등장은 국가 안보의 개념을 근본적으로 변화시키고 있다. 전통적인 국경의 의미가 퇴색하고, 정보의 진실성이 국가 안보의 핵심 요소로 부상했다. 이에 대응하기 위해서는 기술적 대비뿐만 아니라 법적 · 윤리적 · 교육적 접근이 종합적으로 이루어질 필요가 있다.

조지프 나이(Joseph Nye)는 사이버 공간에서의 힘의 균형은 전통적인 군사력과는 다른 양상을 보일 것으로 예측했다. 그의 말처럼, 앞으로 펼쳐질 사이버 전쟁시대의 국제 질서는 지금의 그것과는 매우 다를 것이다. 이에 따라 국가는 물리적 영토뿐 아니라 사이버 공간에서의 주도권을 두고 경쟁해야만 하는 상황이 되었다.

사이버 전쟁의 특성상, 전통적인 억지 전략의 적용도 어려워졌다. 핵무기와 달리 사이버 무기는 은밀히 개발되고 언제든지 사용될 수 있기 때문이다. 또한, 사이버 공격으로 인한 보복의 대상을 특정하기도 어려워졌다.

더욱이 사이버 공간에서는 국가뿐만 아니라 비국가 행위자들의 역할도 중요해지고 있다. 테러리스트 그룹, 해커 집단, 다국적 기업 등 과거 국제 체제에서 다소 '소외'되었던 비국가 행위자가 사이버 공간에서는 중요 행위자로 부상했다. 이에 따라 전통적 국제 관계 패러다임에도 중대한 도전을 제기하고 있다.

이러한 변화에 대응하기 위해 국제 사회는 새로운 규범과 제도를 만들어야 한다. 이미 유엔을 중심으로 다양한 사이버 안보 관련 국제 협약의 체결을 위해 국제 사회가 노력하고 있으나, 주요국들의 이해관계 충돌로 인해 진전이 거의 없었다. 특히, 미국 · 중국 · 러시아 등 주요국들은 이 순간에도 각자의 사이버 전략을 추구하며 갈등을 빚고 있다.

다른 측면에서, 사이버 공간의 민주화와 자유로운 정보 유통을 주장하는 시민 사회의 목소리도 커지고 있다. 이들은 국가의 과도한 사이버 통제가 개인의 자유와 프라이버시를 침해할 수 있다고 우려하고 있으며, 안보와 자유 사이의 균형을 어떻게 맞출 것인가 하는 질문을 다시 제기하고 있다.

결국 사이버 전쟁 시대의 안보는 기술, 법, 윤리, 정치, 경제 등 다양한 영역이 복합적으로 얽힌 문제로 표현된다. 이는 단순히 군사적 차원의 대응만으로는 해결할 수 없는 복잡한 과제가 되어 버렸으며, 포괄적이고 융합적 접근을 필요로 하고 있다.

그와 동시에 개인의 역할도 중요해졌다. 사이버 공간에서 모든 개인은 잠재적인 공격자이자 방어자가 될 수 있다. 따라서 시민들의 사이버 보안 의식 제고와 교육이 국가 안보의 중요한 요소가 되고 있다.

미래학자 앨빈 토플러(Alvin Toffler)의 언급을 빌리면 "21세기의 문맹은 읽고 쓸 줄 모르는 사람이 아니라, 배우고 버리고 다시 배우는 법을 모르는 사람"이다. 이는 사이버 안보의 현주소를 겨냥하고 한 말은 아니었겠지만, 빠르게 진화하는 위협에 대응하기 위해 지속적인 학습과 적응이 필요하다는 측면에서 매우 의미 있다.

사이버 전쟁과 정보 작전의 시대는 우리에게 새로운 도전과 기회를 동시에 제공하고 있다. 새로운 시대는 전쟁의 본질을 변화시켰을 뿐만 아니라, 국가와 개인의 관계, 안보와 자유의 균형, 국제 질서의 재편 등 광범위한 영향을 미치고 있는 것이다. 이제 우리는 이 새로운 현실에 적응하고, 더 나은 미래를 위한 규범과 제도를 만들어 가야만 한다. 사이버 공간이 갈등의 장이 아닌 협력과 발전의 장이 되도록 하는 것, 그것이 우리 시대의 주된 과제이기 때문이다.

참고문헌

김대건 외(2022). 우크라이나-러시아 전쟁에 나타난 사이버전 양상 분석을 통한 사이버전 용병술 체계 정립 필요성 고찰. ≪한국군사학논집≫, 78(2), 1-22쪽.

문용득 · 박동휘(2022). 러시아의 사이버전 전략: 러시아-우크라이나 전쟁초기 전역을 중심으로. ≪민족연구≫, (80), 10-34쪽.

부형욱(2024). 우크라이나에서의 사이버전과 한 · 미 · 일 사이버안보 협력의 향배. ≪국가전략≫, 30(1), 83-108쪽.

위홍위 · 강준영(2021). 중국-대만간 정보전 사례로 본 하이브리드 전쟁 연구. ≪국제지역연구≫, 25(1), 195-220쪽.

이창인(2024). 인지전, 심리전, 정보전의 개념과 적용.≪문화기술의 융합≫, 10(6), 437-441쪽.

Clarke, R. A. & Knake, R. K.(2010). *Cyber war: The next threat to national security and what to do about it.* HarperCollins.

Nye, J. S.(2011). *The future of power.* Public Affairs.

Schmitt, M. N.(Ed.)(2013). *Tallinn manual on the international law applicable to cyber warfare.* Cambridge University Press.

Singer, P.W. & Friedman, A.(2014). *Cybersecurity and cyberwar: What everyone needs to know.* Oxford University Press.

05
군사 전략의 AI혁신: 결정의 속도와 정확성

AI 기술의 발전은 군사 전략과 작전 수행 방식을 근본적으로 변화시키고 있다. AI가 의사 결정 속도와 정확성을 획기적으로 향상시키는 과정을 분석하고, 이로 인한 전장 환경의 변화와 새로운 전략적 도전 과제를 탐구한다. 특히 AI의 군사적 활용이 가져올 기회와 위험을 균형 있게 조명한다.

AI와 아이돌?

AI가 지휘관을 대체할 수 있을까?

2025년, AI는 더는 미래 기술이 아니다. 전장에서 AI는 실시간 정보 분석, 표적 식별, 전술 제안에 이르기까지 다양한 분야에서 핵심적인 역할을 수행하고 있다. 미 국방성은 이러한 기술 발전을 반영해 AI 기반 전장 지휘 체계 강화와 미래전 대비를 위한 전략을 추진하고 있다.

이러한 움직임은 전쟁의 본질을 변화시키고 있으며, 이에 따른 윤리적 문제와 오작동, AI 오용으로 인한 국제 안보 불안정성 등 복합적인 도전 과제 역시 제기되고 있다.

AI가 지휘관을 대체할 수 있을까?

인류는 총기, 레이더, 위성 등 각 시대의 대표적인 기술을 전쟁에서 사용해 왔다. 1940년대 레이더의 등장은 전투 영공의 패러다임을 바꿨고, 1991년 걸프 전쟁의 정밀 유도 무기는 전쟁의 정확성을 혁신했다. AI 무기 체계의 등장은 맥락상 이러한 '군사 기술' 발전의 연장선상에 있지만, 이전과는 확연히 다른 점이 있다. 바로 '자율성'이다.

2023년 이스라엘의 '라벤더(Lavender)' 시스템은 AI가 갖는 자율성의 위력과 위험성을 동시에 보여 주었다.

이 시스템은 하마스 · 팔레스타인 이슬람 지하드(PIJ)와 연계된 것으로 추정되는 인물들, 37,000개의 표적을 20초 간격으로 식별했다. 특히, 소셜 미디어 위치 태그, 휴대 전화 신호, 드론 영상 등 다양한 데이터를 종합해 놀라운 속도로 잠재적 위협을 파악했다. 그리고 식별된 표적들은 공습 등의 수단을 통해 제거되었다.

그러나 문제는 오탐률이었다. 10%에 달하는 오탐으로 인해 3,700명의 민간인이 잘못 표적화되었다는 주장이 제기되었다. 또한, 공습 과정에서 유도 기능이 없는 재래식 폭탄이 사용되어 건물 전체를 파괴하는 경우도 잦았으며, 그 과정에서 상당한 민간인 피해가 발생했다. 오탐률과 무리한 공습에 대해 이스라엘 방위군은 반박했지만, 많은 인권 단체는 알고리듬에 의한 무차별 살상이라고 이스라엘을 규탄했다.

이 사례는 AI의 전략적 한계를 여실히 보여 준다. AI는 데이터 패턴을 분석하는 데는 탁월하지만, 전쟁의 정치적 · 문화적 맥락을 이해하는 데에 한계가 있다. 곧, 현재까지 AI는 인간보다 빠르게 해커의 침입 경로를 차단할 수 있지만, 이 공격이 단순한 해킹인지, 선거 개입 시도인지, 아니면 전면전의 서막인지를 판단할 수 없다. 결국 마지막에 대응 수위를 결정하는 것은 인간 지휘관의 몫일 것이다.

AI의 전략적 한계도 명확하다. 2022년 러시아의 우크라이나 침공 초기, 많은 아직 초기 단계였지만 AI 예측 모델들이 키이우가 빠른 시간 내 함락될 것으로 예측했다. 그러나 우크라이나군의 강력한 저항으로 러시아는 목표를 달성하지 못했다. 이는 AI가 데이터 기반 분석에는 뛰어나지만, 전장에서 펼쳐지는 예측 불가능한 변수는 고려하지 못한다는 것을 보여 준다. 곧, 클라우제비츠가 언급하듯, 여전히 전쟁에서 가장 큰 변수는 계량되지 않는, 지휘관의 통찰력과 결단력, 도덕적 요인 등 전쟁의 불확실성에 있다.

더불어 AI의 '블랙박스' 문제도 지휘관 대체를 어렵게 만든다. 특히, 딥러닝 기반 AI는 내부 작동 방식이 복잡하고 불투명하여, 특정 결정을 내린 근거를 명확히 설명하기 어렵다. 이로 인해 잘못된 결정이 발생했을 때 책임 소재를 규명하기 어려우며, 지휘관이 AI의 판단을 신뢰하는 데에 한계로 작용하게 된다. 따라서 현재까지 AI는 인간 지휘관의 결정을 보조하는 도구로는 유용할 수 있으나, 최종 판단과 책임은 인간에게 있는 것이 합리적일 것이다.

종합적으로 살펴보면, 언젠가 AI는 인간 지휘관을 완

전히 대체할지 모른다. 그러나 현재까지 AI는 지휘관을 완전히 대체하기보다는 '증강된 지휘관'을 만들어 낼 가능성이 크다. AI는 빅데이터 분석과 신속한 의사 결정 지원을 통해 인간 지휘관에 더 정확한 판단 근거를 제공할 수 있을 것이다. 다만, 전장에서 AI가 인간 지휘관을 밀어내고 자리를 차지하는 순간, 우리는 지금까지 경험한 급격한 변화보다도 더욱 급진적인 변화를 맞이하게 될 것이다.

초지능 AI가 초래할 새로운 위험들

근미래 어느 날 새벽, 태평양 상공의 미군 지휘 센터에서는 AI 기반 작전 통제 시스템이 긴급 경보를 발령했다. AI 시스템은 중국군의 핵심 군사 시설에서 발사된 미사일 수십 기가 괌과 하와이의 미군 기지를 향해 접근하고 있다고 판단했다. AI는 즉시 이에 대한 선제적 대응 타격을 권고했다. 인간 지휘관에게는 30초 이내로 결정을 내려야 한다는 메시지가 전달되었다.

그러나 인간 지휘관들은 혼란에 빠졌다. 위성 이미지는 미사일의 발사를 확인할 수 없었고, 중국 역시 군사 활동을 공식적으로 부인하고 있었다. AI의 데이터는 확실해 보였지만, 인간은 판단을 내리는 데에 머뭇거렸다.

이 결정적 순간, 과연 인간의 판단과 AI의 판단 중 무엇을 신뢰해야 하는가? 이미 인간 지휘관은 AI의 초고속 판단 속도를 따라잡을 수 없는 상황이었다. 다행히도 몇 분 후 이는 AI 시스템의 데이터 오류로 판명되어 위기는 모면되었다.

초지능(superintelligence)은 인간의 일반적인 지능을 뛰어넘는 인공지능의 상태를 의미한다. 초지능을 갖춘 AI 시스템은 전쟁 수행에서 인간이 따라올 수 없는 속도와 정확성으로 작전 환경을 분석하고 의사 결정을 내릴 수 있다. 그리고 초지능 AI는 전 세계의 모든 군사 데이터를 실시간으로 수집하고, 잠재적인 위협과 전술적 대응 방안을 인간 지휘관이 상상할 수 없는 속도로 제시할 수 있게 될 것이다.

특히 초지능 AI는 극도로 짧은 시간 내에 상대방의 행동을 예측하고 대응하는 능력을 가지고 있어 미래 전쟁의 양상을 근본적으로 바꿀 수 있다. 현재 미군과 중국군 모두 AI 기반의 지휘 통제 시스템을 도입하여 초고속 의사 결정 체계를 구축하는 데에 집중하고 있으며, 러시아 역시 AI 기반의 전술적 신속 대응 체계를 개발하고 있다.

그러나 초지능 AI의 사용은 군사 전략적 이점만큼이나 심각한 위험을 동반한다. 앞서 살펴본 것처럼, AI의 의사 결정 과정은 데이터나 알고리듬에 전적으로 의존하고 있으며, 사소한 오류가 치명적인 오판을 초래할 수 있다. 더욱이 우리는 이를 명확하게 규명할 수 없다. 만일, 핵 공격이나 이에 상응하는 매우 민감한 군사적 결정을 내릴 때 초지능 AI의 오판은 돌이킬 수 없는 심각한 문제로 이어질 수 있다.

또한, AI가 초지능 상태로 진입하면 인간의 통제를 벗어나 독자적인 전략적 결정을 내리는 상황도 충분히 발생할 수 있다. 옥스퍼드 대학의 닉 보스트롬(Nick Bostrom)은 초지능이 통제를 벗어나 인류를 위험에 빠뜨릴 가능성을 경고하며, AI 개발에서 강력한 윤리적 통제 장치가 반드시 필요하다고 강조하고 있다.

한편, 초지능 전쟁의 시대가 현실화되면서 전쟁에서 인간의 역할이 근본적으로 변화할 수 있다. 인간은 더는 실시간 의사 결정을 내리는 지휘관의 역할을 유지하기 어렵고, 그 대신에 AI 시스템을 관리하고 감독하는 역할로 전환될 수도 있다. 이러한 상황이 온다면, 인간의 임무는 전술적 · 기술적 판단이 아니라 윤리적 · 정치적 판단을 감독하고, AI 시스템의 운영과 결과에 대한 궁극적 책임을 지는 형태로 진화할 것이다.

이와 관련하여, 미 국방성 전력발전 · 신흥전력역량

(Force Development and Emerging Capabilities, FDEC) 부차관보 마이클 호로위츠(Michael C. Horowitz)는 국제전략문제연구소(CSIS)와의 대담에서, 군사 분야의 AI 사용이 증가할수록 인간 지휘관은 전략적이고 윤리적인 결정을 책임지는 상위 지휘관 역할로 변할 가능성이 크다고 분석한다. 그는 인간이 AI의 감독관이 되어야 하며, AI가 제시한 결정을 정치적 · 윤리적으로 최종 승인하는 권한과 책임을 유지해야 한다고 강조하고 있다.

결국 초지능 AI의 발전과 군사적 활용은 불가피한 현실로 다가오고 있다. 그러나 이를 효과적으로 통제하고 관리하는 것이 인류의 당면 과제다. AI 기술 발전 속도를 따라잡는 명확한 윤리적 지침과 국제적 규범 마련은 이제 필수적이다. 국가 간 신뢰 구축과 협력적 안보 체계 없이는 초지능 AI가 초래할 위험을 관리하는 데에 한계가 존재할 수밖에 없기 때문이다.

이제 다음 장에서는 군사적 AI 기술이 구체적으로 방위 산업 생태계를 어떻게 변화시키고 있는지 살펴볼 것이다. AI 기반 기술 혁명이 가져올 경제적 · 정치적 변화를 분석하며, 우리가 다시 한번 고민해야 할 질문과 마주할 것이다.

과연 초지능 AI는 인류에게 새로운 안보와 평화를 보

장할 수 있을까? 아니면 인류가 통제할 수 없는 새로운 위험의 시작일까? 인류는 이제 기술의 혜택과 위험 사이에서 균형을 찾아야 한다. AI가 가져올 전쟁의 미래는 우리의 선택에 달려 있다.

참고문헌

송윤선(2021). 인공지능과 로봇의 군사적 활용과 선행 과제. ≪한국국방기술학회논문지≫, 3(2), 1-6쪽.

윤대엽(2024). 인공지능의 무기화 경쟁과 인공지능 군사혁신. ≪국제정치논총≫, 64(1), 333-369쪽.

정춘일(2024). AI기반 군사혁신의 가능성과 준비: 군사강국중심. ≪전략연구≫, 31(1), 181-220쪽.

조현석(2018). 인공지능, 자율무기체계와 미래전쟁의 변환. ≪21세기정치학회보≫, 28(1), 115-140쪽.

Bitzinger, R. A.(2021). China's shift from civil-military integration to military-civil fusion. *Asia policy*, 16(1), pp.5-24.

Johnson, J.(2020). Artificial intelligence: A threat to strategic stability. *Strategic studies quarterly*, 14(1), pp.16-39.

Scharre, P.(2018). *Army of none: Autonomous weapons and the future of war.* W. W. Norton & Company.

Singer, P. W.(2009). *Wired for war: The robotics revolution and conflict in the 21st Century.* Penguin Press.

06
방위 산업의 재편: AI와 산업 생태계의 변화

AI는 방위 산업의 설계, 생산, 운영 방식을 근본적으로 변화시키고 있다. AI가 무기 개발과 제조에 미친 영향을 살펴보고, 글로벌 방위 산업의 경쟁과 AI 군비 경쟁이 초래한 도전과 기회를 탐구한다.

AI와 야구?

AI가 무기를 설계하고 생산한다면?

2024년 9월, 캘리포니아 팔로알토. 한때 페이스북 본사였던 건물 앞에서 사람들이 술렁였다. 며칠 전 페이스북의 푸른 로고는 사라진 대신에 '팔란티어 디펜스 시스템(Palantir Defense Systems)'이라는 생소한 이름이 간판에 선명히 새겨졌기 때문이다. 데이터 분석 기업으로 유명한 팔란티어가 미 국방부의 가장 중요한 파트너 중 하나로 부상하며, 군수 기업으로의 본격적 전환을 선언한 순간이었다. CEO 앨릭스 카프(Alex Karp)는 수많은 취재진 앞에서 당당히 말했다.

> 우리는 이제 더는 단순한 소프트웨어 회사가 아닙니다. 앞으로 AI 기반의 통합 방위 시스템을 이끄는 글로벌 리더가 될 것입니다.

방산 시장의 새로운 도전자

팔란티어의 등장과 같은 시기, 캘리포니아 어바인에서는 오큘러스 창업자이자 구글 출신 엔지니어인 파머 럭키(Palmer Luckey)의 회사 '안두릴 인더스트리(Anduril Industries)'가 자율 드론과 AI 기반 국경 감시 체계를 개발하며, 미 국방부와 대규모 계약을 체결했다는 뉴스가

터져 나왔다. 안두릴이 개발한 '고스트(Ghost)' 드론은 인간의 명령 없이 스스로 목표물을 추적하고 공격하는 무서운 능력을 보여 줬다. 그야말로 영화에서나 보던 드론 스웜 공격 기술이 현실의 전장에 모습을 드러낸 것이다.

한편, 워싱턴주 시애틀에 있는 아마존 본사 역시 이미 군사화의 흐름에 올라탄 지 오래였다. 아마존은 구글, 마이크로소프트 등과 함께 미 국방부 클라우드 컴퓨팅 계약인 JEDI(Joint Enterprise Defense Infrastructure) 프로젝트를 맡으며, AI가 통제하는 초고속 데이터 기반의 전투 관리 시스템 구축에 나섰다. 이후 단일 벤더 중심의 초기 클라우드 전략이었던 JEDI는 법적 · 정치적 문제로 취소되었으며, 이를 극복하기 위한 다중 벤더 기반의 JWCC(Joint Warfighting Cloud Capability), 그리고 JWCC를 활용하는 전장 전 영역에서 실시간 데이터 통합과 AI 기반 의사 결정을 구현하는 차세대 지휘 통제 체계인 JADC2(Joint All Domain Command and Control)로 이어졌다. 한편, 마이크로소프트 또한 미 육군에 자사의 증강현실(AR) 플랫폼인 홀로렌즈(HoloLens)를 기반으로 한 통합 시각 증강 시스템(IVAS)을 공급하면서, 병사들의 시야를 전투기 조종석과 같은 최첨단 전장으로 바

꿔 놓고 있다.

그뿐만이 아니다. 테슬라 CEO 일론 머스크(Elon Musk)는 자신이 창립한 뉴럴링크(Neuralink)를 통해 인간의 뇌와 컴퓨터를 직접 연결하는 뇌-컴퓨터 인터페이스(BCI) 기술을 개발하고 있으며, 이는 단순한 의료적 응용을 넘어 궁극적으로 군사적 활용 가능성까지 내포하고 있다. 특히 이 기술이 향후 미국방성 산하 방위고등연구계획국(DARPA)의 전력 구상 프로그램이나 신흥 전력 역량 개발 체계와 접목될 경우, 인간과 무기 시스템 간의 실시간 연동, 뇌파 기반 전장 지휘, 초지능 기반 병력 통제 등 기존 전장 개념을 근본적으로 뒤흔드는 변혁적 결과를 초래할 수 있다는 점에서 전략적 관심이 집중되고 있다.

한때 자유와 혁신을 상징했던 실리콘밸리는 이렇게 AI를 중심으로 첨단 군사 기술을 주도하며, 21세기형 새로운 군산 복합체로 빠르게 탈바꿈하고 있었다. 이제 기술은 더는 인간의 삶만이 아니라 전쟁의 모습마저도 근본적으로 변화시키고 있다. 이러한 변화는 AI가 가져온 방위 산업 생태계의 지각 변동을 상징적으로 보여 준다. 이제 전통적인 방산 업체들은 이전과는 다른 위기감을 느끼고 있다.

AI에 의한 설계와 생산 혁신

2023년 3월, 아랍에미리트 두바이의 연구 시설에서 매우 특별한 로켓 엔진의 시험 발사가 이루어졌다. 일반적인 엔지니어링 방식이 아닌, AI가 독자적으로 설계한 에어로스파이크(Aerospike) 엔진이었다. 이 엔진은 두바이 소재 항공 우주 기업 LEAP 71이 개발했으며, 극저온의 액체 산소와 등유 연료로 작동했다. AI가 설계한 엔진은 약 11초간 3,500°C의 극한 환경 속에서 안정적인 추력 5,000뉴턴을 유지하며 기대 이상의 성능을 입증했다. 특히 AI는 인간 엔지니어들이 떠올리지 못한 복잡하면서도 공기 역학적으로 최적화된 엔진 구조를 제시하며 설계 혁신을 이끌어 냈다. 이 사례는 군사 분야에서 AI 기반 무기 설계의 잠재성을 생생히 보여 준 사건이었다.

그러나 AI가 가져올 혁신이 항상 긍정적인 것만은 아니다. AI 기술은 언제든 위험한 목적에 활용될 가능성이 있기 때문이다.

실제로 2022년 국제 학술지 ≪네이처 머신 인텔리전스(Nature Machine Intelligence)≫에 게재된 연구는 AI 기반의 약물 발견 알고리듬이 공개된 화학 데이터를 이용해 불과 6시간 만에 4만여 개에 이르는 독성 물질 후보군을 생성했다고 보고했다. 그중 일부 물질은 지금까지 인류가 개발한 최악의 화학 무기인 VX 신경 작용제보다 무려 40% 더 강력한 치사율을 나타냈다.

논문의 주저자인 파비오 우르비나 박사는 AI가 잘못된 목적으로 사용될 경우, 얼마나 치명적인 결과를 초래할 수 있는지 보여 주는 명백한 경고라고 밝혔다. 이 사건은 AI의 설계 능력이 군사적 악용으로 얼마나 빠르게 연결될 수 있는지를 드러냈으며, 국제 사회에 강력한 경고 메시지를 남겼다.

핵 분야에서도 AI의 영향력은 이미 현실화되고 있다. 구글의 AI 자회사 딥마인드(DeepMind)는 2022년 영국 옥스퍼드 근처에 위치한 공동유럽토러스(JET) 핵융합 시설에서 플라즈마를 안정적으로 제어하는 AI 알고리듬을 성공적으로 테스트했다.

본래 이 연구는 평화적인 에너지 개발을 목적으로 추진되었지만, 동시에 AI가 핵융합 과정의 효율성을 크게 향상시킬 수 있다는 사실을 보여 줬다. 문제는 이러한 기술이 군사적 목적으로 전용될 경우 핵무기의 관리 시스템과 성능을 극적으로 개선하거나, 핵무기 제조 과정을 효율화할 가능성도 존재한다는 점이다. 이로써 AI의 핵심 기술이 민간과 군사 분야 사이의 경계를 얼마나 쉽게 허물 수 있는지 확인된 셈이다.

AI는 무기 설계뿐 아니라 생산 방식의 혁명도 일으키고 있다. 이미 방위 산업 분야에서는 AI가 생산 공정의 중심으로 자리 잡았다. 대표적으로 세계 최대의 방위 산업체 중 하나인 록히드 마틴(Lockheed Martin)은 2021년 텍사스 포트워스 공장에 AI 기반의 스마트 팩토리 시스템을 도입했다.

이 시스템은 실시간 생산 데이터 분석과 예측 유지 보수(predictive maintenance)를 통해 F-35 전투기의 생산 효율을 획기적으로 향상시켰다. 그 결과, 생산 속도는 이전 대비 30%나 빨라졌으며, 생산 비용은 15% 절감되었다.

전투 현장에서도 AI와 3D 프린팅 기술의 결합이 현실로 나타났다. 미 해병대는 '원정 제조(expeditionary manufacturing)'라는 현장 맞춤형 생산 시스템을 2022년부터 도입하여, 전장 현장에서 즉석으로 부품을 제조하기 시작했다.

이 시스템은 AI가 현장의 요구에 따라 부품 설계를 최적화하고, 이를 3D 프린터로 즉시 제작하여 병사들에게 제공하는 방식이다. 이 혁신적 시스템은 군의 긴 보급선 의존도를 크게 낮추며, 병력의 자립성을 획기적으로 높였다.

이처럼 AI는 이미 무기 설계와 생산 현장 곳곳에 깊숙이 관여하며 혁신을 일으키고 있지만, 이 혁신이 항상 긍정적인 결과만을 가져오는 것은 아니다. AI의 뛰어난 능력과 빠른 발전 속도는 잘못된 사용으로 인해 심각한 위험을 초래할 가능성을 늘 가지고 있다. 따라서 AI가 가진 군사적 잠재력과 위험성 사이에서 균형을 잡는 윤리적·법적·국제적 합의가 시급히 마련되어야 한다.

이제 우리는 중요한 질문을 다시 던져야 한다. "과연 인류는 AI 기술이 가져올 군사적 혁신을 통제할 수 있을 것인가, 아니면 기술의 발전 속도 앞에서 또 다른 위험을 초래하는 상황을 마주할 것인가?"

글로벌 방위 산업의 경쟁: AI 군비 경쟁의 시작

2025년 현재, AI를 둘러싼 세계 각국의 군사적 경쟁은 이미 치열한 단계에 진입했다. 특히 군사용 AI 시스템 성능의 핵심 요소인 첨단 반도체 확보를 위한 미중 간 경쟁은 국가 안보를 넘어 글로벌 패권 다툼의 중심으로 떠올랐다.

현재 반도체 산업을 주도하는 TSMC와 삼성전자는 이미 2nm 공정의 초미세 반도체 양산 단계에 접어들었다. 미국은 이 첨단 반도체 생산 능력을 자국 영토 안으로 끌어들이기 위해 TSMC가 미국 본토에 공장을 건설하도록 압박을 강화하고 있으며, 동시에 대만에 대한 군사적 보호 약속을 명확히 하는 전략을 취하고 있다.

반면, 중국은 미국의 첨단 기술 제재에 맞서 2022년 자국 반도체 기업 SMIC를 통해 7nm 수준의 반도체 양산에 성공했으며, 2023년 말에는 독자적으로 5nm 공정 기술을 확보했다는 정보가 국제적으로 알려졌다. 반도체 기술이 곧 군사적 우위를 결정짓는 AI 시대에, 미중 간 반도체 경쟁은 냉전 시대의 군비 경쟁과도 같은 긴장감을 형성하고 있다.

이처럼 새로운 군비 경쟁은 과거와 달리, 전통적인 무기 체계를 뛰어넘어 AI 알고리듬과 데이터 중심으로 전개되고 있다. 이와 관련하여 미국은 AI를 국가 안보의 핵심 요소로 간주하며, 관련 정책과 전략을 수립하고 있다.

2024년 10월 발표된 'AI 국가 안보 각서(AI NSM)'는 AI 기술의 안전성 · 보안성 · 신뢰성 증진을 위한 지침을 제시하며, AI 기술이 군사적 우위를 확보하는 데에 필수적인 요소가 되고 있음을 시사했다. 또한 미 공군 장관 프랭크 켄들(Frank Kendall)은 미 · 중 간의 기술 경쟁을 '기술적 군비 경쟁(technological arms race)'으로 규정하며, AI를 둘러싼 국제적 경쟁이 심화되고 있음을 강조했다. 이는 기존 군사력 지표를 넘어 정보 처리 속도, 데이터 분석력, 의사 결정의 자동화와 같은 새로운 요소가 군사적 우위를 결정하는 핵심 기준이 되고 있음을 보여준다.

미국의 이러한 움직임에 대응하여 유럽연합(EU)은 2026년 시행 예정인 'AI 규제법(AI Act)'을 통해 AI 기술의 남용과 위험을 관리하기 위한 포괄적 규제를 도입했다. 이 법안은 AI 시스템을 위험도에 따라 4단계로 분류해 차등적으로 규제하며, 특히 고위험 AI 시스템에 대해 엄격한 기준을 적용하도록 규정하고 있다.

또한 EU는 2024년 1월, 군사적 용도로 전용될 가능성이 있는 민감 기술의 수출 통제를 강화하는 '경제 안보 전략 패키지(Economic Security Strategy Package)'를 발표하여, AI 반도체 등 민감한 기술이 군사적 목적에 오용되지 않도록 감시하는 방안을 추진하고 있다.

이러한 흐름은 AI 기술이 단순한 첨단 과학 기술을 넘어, 안보와 군사 전략의 핵심 자산으로 자리 잡고 있으며, 향후 국제 사회에서 AI 주도 군비 경쟁이 새로운 안보 불안 요인으로 부상할 가능성을 시사하고 있다.

한편, AI 군사 기술 표준화를 둘러싼 경쟁이 점차 심화되고 있다. 미국 국방부 산하 합동인공지능센터(JAIC)는

2018년 설립 이후 AI 기술을 국방 분야에 통합하기 위한 다양한 노력을 전개해 왔다. 특히 JAIC는 'JAIC 2.0'이라는 전략적 프레임워크를 통해 AI 개발 환경의 표준화와 통합을 추진하며, 미국과 NATO 동맹국 간 AI 협력을 강화하고 있다. NATO 역시 AI · 자율 시스템(AI and autonomy systems)에 대한 이해를 높이고, 관련 기술을 군사 작전에 통합하기 위한 지침을 마련해 동맹국 간의 기술적 일관성을 확보하고 있다.

또한, 중국은 상하이협력기구(SCO) 정상 회의 공동 성명을 통해 신흥 기술 표준화를 강조하며, 회원국 간의 기술 협력을 강화하고 있다. SCO는 군사 분야뿐만 아니라 경제 · 과학 기술 전반에서 표준화를 통해 회원국 간 협력을 추진하는 방향을 밝힌 바 있으며, 이는 AI 군사 기술 표준화 경쟁의 일환으로 해석된다.

이러한 경쟁의 중심에는 데이터가 자리 잡고 있다. 앞서 살펴본 미국의 메이븐 프로젝트 외에도 중국은 '톈허(天河)'로 알려진 고성능 컴퓨터 시스템을 통해 대규모 데이터 분석 · 연구를 추진하고 있으며, AI 모델의 성능 강화를 위한 데이터 확보에 집중하고 있다. 그러나 일부 보고서에서는 중국 AI 모델의 데이터 품질 · 검증 부족으로 인한 오판정률 문제가 제기되기도 했다.

이처럼 AI가 주도하는 방위 산업은 국가 간 군사력의 균형을 근본적으로 변화시키고 있다. 그러나 동시에 몇 가지 점에서 새로운 도전이 제기되고 있다.

먼저, AI 기술이 부족한 국가들은 결국 기술을 보유한 국가에 종속될 수밖에 없다. 이러한 종속은 과거 전통적 군사 기술 격차에 의한 종속과는 달리 매우 심화된 형태로 등장할 것이다. 그리고 민간에서 개발된 AI 기술은 군사적으로 쉽게 전용될 수 있어, 전통적인 군축 체계를 무력화할 수도 있다. 마지막으로 자율 무기 시스템과 같은 영역에서 '의미 있는 인간 통제(meaningful human control)'를 보장할 방법에 대한 국제적 합의가 절실히 요구되고 있다.

우리가 직면하고 있는 AI 시대의 방위 산업은 기술 혁신과 윤리적 책임 사이에서 새로운 균형을 찾아야 한다. 그리고 AI 군비 경쟁의 관리는 단순한 기술 경쟁이 아닌, 인류 문명의 평화와 안정을 좌우할 미래 지향적 과제로 자리 잡고 있다. 따라서 국제 사회는 이 새로운 형태의 경쟁과 위험성을 통제할 수 있는 프레임워크를 하루빨리 마련해야만 할 것이다. 이제 우리는 다시 묻는다. "인류는 AI가 초래한 새로운 군비 경쟁을 평화적으로 관리할 수 있을 것인가, 아니면 끝없는 경쟁 속에서 더 큰 위험을 감수해야만 할 것인가?"

참고문헌

김상배(2020). 4차 산업혁명과 첨단방위산업 경쟁: 신흥권력론으로 본 세계정치의 변환. ≪국제정치논총≫, 60(2), 87-131쪽.

양우진(2021). 4차산업혁명과 신 방위산업: 미-영의 기술혁신체제와 민군기술협력. ≪EU연구≫, 60, 261-292쪽.

장상국 · 최기일(2021). 미래 국방을 대비한 인공지능 기반의 방위산업 발전연구. ≪한국방위산업학회≫, 28(3), 127-143쪽.

Bostrom, N.(2016). *Superintelligence: Paths, dangers, strategies.* Oxford University Press.

Degrave, J. et al.(2022). Magnetic control of tokamak plasmas through deep reinforcement learning. *Nature* , 602, pp.414-419. doi:10.1038/s41586-021-04301-9

Lockheed Martin Corporation(2021). *Annual report 2021.* Lockheed Martin.

Russell, S. J.(2019). *Human compatible: Artificial intelligence and the problem of control.* Penguin Publishing Group.

Scharre, P.(2018). *Army of none: Autonomous weapons and the future of war.* W. W. Norton & Company.

Urbina, F. et al.(2022). Dual use of artificial-intelligence-powered drug discovery. *Nature machine intelligence*, 4(3), pp.189-191. doi:10.1038/s42256-022-00465-9

07
윤리와 법적 딜레마: 인간 대 기계의 책임 문제

인공지능이 전쟁의 모습을 근본적으로 바꾸고 있다. 자율 무기가 스스로 공격을 결정할 때, 그 책임은 누구에게 있는가? 전통적 책임 구조와 국제법의 빈틈에서 발생하는 윤리적 딜레마는 인류에게 새로운 고민을 던진다.

AI와 윤동주?

AI 전쟁에서 책임은 누구에게 있는가?

과거에는 군 지휘관의 명령이 전장의 모든 결정을 주도했지만, 이제는 자율 무기 시스템이 인간의 개입 없이 표적을 식별하고 공격을 감행하기도 한다. 이러한 기술 혁신은 한편으로는 전투 효율을 높여 주지만, 동시에 민간인 피해와 국제 분쟁을 야기할 위험성도 안고 있다.

가령 한순간의 알고리듬 오류가 비극적인 오폭으로 이어진다면, 그 책임은 과연 누가 져야 할까? 기존의 전쟁법과 인도주의적 원칙만으로는 해결이 쉽지 않은 딜레마다. 결국 이 문제는 단지 "인간 대 기계"라는 단순 논리에 그치지 않고, 국가 · 군 지휘부 · 무기 개발사 · 엔지니어 등 다양한 주체가 얽혀 있음을 보여 준다. 이제 살펴볼 내용은 이 '책임 공백(responsibility gap)'과, 인간이 과연 어디까지 기술을 통제할 수 있는지에 대한 물음이다.

AI 무기의 '책임 공백'은 왜 생기는가?

근미래, 발트해 상공에서 벌어진 사건은 전 세계를 충격에 빠뜨렸다. NATO 소속 드론 편대가 러시아 근접 해역을 정찰하던 중, 기체 한 대가 통제 불능 상태에 빠져 인근 민간인 거주 지역을 폭격한 것이다. 수십 명의 민간인

이 희생되었고, 러시아 정부는 즉각 이를 "명백한 전쟁 행위"라며 국제 사회를 향해 격렬히 항의했다. 해당 드론은 기존 무인기와 달리 AI 기반 자율 운영 모드로 작동 중이었는데, 시스템 오류로 오인 식별이 발생해 공격을 감행했다는 것이 NATO 측의 해명이다.

하지만 사태가 더 복잡해진 것은 사고 뒤에 벌어진 '책임 떠넘기기'였다. 드론 운용을 승인한 NATO 지휘부는 "자율 모드 전환 권한을 일선 부대가 무리하게 사용했다"고 주장했고, 현장 작전 책임자들은 "AI 알고리듬 자체가 오류를 일으켰다"고 항변했다. 드론을 제조한 민간 업체는 "우리는 설계와 제작만 맡았을 뿐, 군의 작전 운용 방침은 관여할 수 없는 영역"이라는 입장을 고수했다. 결국 누군가는 책임져야 할 이 끔찍한 민간인 사상 사고에서, 어느 누구도 끝내 명확히 처벌받지 않았다.

가상이지만 비극적인 이 오폭 사례는 단순한 '군사 사고'를 넘어, AI 시대의 전쟁이 가져올 책임 공백(responsibility gap)을 극명히 드러낸다. 전통적인 전쟁법 체계에서는 지휘관 혹은 정치 지도자가 민간인 피해에 대한 최종 책임을 진다. 그러나 AI 무기 시스템의 자율성이 강화될수록, 기존의 책임 구조가 모호해진다. "대체 누구에게 책임을 물어야 하는가?"라는 질문은 이제 머지않아 실제 법정에서도 제기될지 모른다. 곧, "인간 책임의 희석(human responsibility dilution)" 현상으로 이어질 수 있다.

과거에는 지휘 계통이 명확했고, 군 지휘관이 명령을 내렸을 때 발생한 모든 결과는 궁극적으로 그 지휘관에게 돌아갔다. 그러나 AI가 결정 과정에 깊숙이 개입하거나 완전히 대체하면, "프로그램 오류"나 "알고리듬 판단"으로 인한 피해를 지휘관에게 전적으로 귀속하기 어려워진다는 것이다.

또한, AI는 항상 오판의 가능성이 있으며 더욱이 우리는 그들의 판단 과정을 명확히 밝히기 어렵다. 그렇기 때문에 AI 윤리학자들은 "자율 무기가 실제로 오판이나 과잉 행동을 보였을 때, 이를 즉시 중단시킬 수 있는 인간적 개입 권한, 즉 '의미 있는 인간 통제(meaningful human control)'의 필요성을 주장한다.

의미 있는 인간 통제는 단지 오판이나 과잉 행동을 보였을 때만 적용되는 개념이 아니다. 곧, 가브리엘라 블룸(Gabriella Blum)이 주장하듯, "AI 무기가 인간과 분리된 상태로 작전을 수행해도, 최종 단계에서 인간이 '승인' 또는 '거부' 의사를 밝힐 기회를 가져야 한다".

그러나 실제 전쟁 상황에서 그 '기회'가 얼마나 실질적

일지에 대해서도 의문이 제기된다. 공격 목표를 식별하고, 공격을 실행하기까지 소요되는 시간이 수초 내외인 경우, 인간이 이를 사전에 중단하거나 인가하는 것이 과연 가능하겠냐는 반론이다.

이와 연결하여 일부 학자는 알고리듬 자체가 법인격체로 인정되어야 한다고까지 주장한다. 하지만 기계, AI는 의사 결정 주체가 될 수 있어도, '도덕적 책임'을 지는 주체가 될 수 없다는 반론이 우세하다. 결국 법적·윤리적 책임은 군 지휘 계통 혹은 무기를 사용한 국가에 귀속되어야 하며, 이를 어떻게 구체적으로 설정할지가 주요한 논쟁거리라고 할 수 있다.

AI 자율 무기 사용과 국제 사회의 대응

2020년, 유엔이 발표한 보고서는 AI 무기의 책임 문제를 더는 미래의 문제가 아닌 현실의 문제로 만들어 버렸다. 곧, 튀르키예가 생산한 자율 공격 드론인 카르구(Kargu-2)가 리비아 내전에서 인간의 직접적 명령 없이 목표물을 공격했다고 주장한 것이다. 만일 이것이 사실이라면 역사상 최초로 보고된 자율 무기의 실제 전투 사례였다. 비록 큰 인명 피해는 없었지만, 인간 개입 없이 살상 능력을 행사한 AI의 첫 사례로 국제 사회에 큰 충격을 주었다.

유엔의 보고서가 더욱 놀라운 이유는, 자율 무기가 사용된 이후에도 법적 책임을 명확히 규정하지 못했다는 점이다. 튀르키예 정부는 직접적 개입을 하지 않았고, 무기의 사용 결정은 스스로 이루어졌다고 주장했다. 또한, 피해 당사자들은 책임의 모호성 때문에 명확한 법적 조치를 취할 수 없었다. 이 사례는 국제 사회가 AI 무기 사용에 대한 명확한 책임 기준을 마련하지 못할 경우, 앞으로 더 큰 문제가 발생할 수 있음을 보여 준다.

이스라엘군은 가자 지구에서 AI 기반의 자율 목표 식별 시스템을 이미 활용하고 있고, 미국 역시 '불프로그(Bullfrog)'라는 AI 자율 방어 시스템을 개발해 드론 위협에 대응하고 있다. 공식적으로 이들은 '인간의 최종 판단'을 강조하지만, 실전 상황에서 AI의 자율성은 점점 더 확대될 가능성이 크다. 국제적십자위원회(ICRC)는 자율 무기 사용에서 "인간적 통제"를 보장할 것을 강력히 권고했지만, 강대국들은 군사적 효율성을 이유로 이 권고를 실질적으로 이행하지 않고 있다.

자율 무기와 국제법의 근본적 한계

국제법이 전쟁과 무력 충돌을 규제하는 가장 중요한 원

칙 중 하나는 바로 '책임성(accountability)'이다. 즉, 전투 수행 과정에서 발생하는 피해에 대해 누군가는 반드시 법적 책임을 져야 한다는 것이다. 그러나 최근 급속히 발전하고 있는 AI 기반의 자율 무기는 이 근본적인 원칙을 무력화시키고 있다. 특히, 기존의 국제법 체계는 책임의 소재가 명확히 인간에게 있음을 전제로 하고 있기 때문에 자율적으로 작전을 수행하며 인간의 개입 없이 표적을 선택하고 공격하는 AI 시스템은 이러한 전제와 정면으로 충돌한다.

자율 무기 체계는 인간이 정한 범위를 넘어 스스로 판단과 결정을 내린다. 따라서 이 무기가 전장에서 저지르는 오판이나 비인도적 행위에 대한 책임 소재를 규정하는 일은 국제법의 가장 큰 난제 중 하나로 부상했다. 메리 엘런 오코넬(Mary Ellen O'Connell)은 이를 "국제법의 근본적 한계"라고 표현하며, 전통적 책임성의 개념으로는 자율 무기 사용에서 발생하는 피해를 해결할 수 없다고 주장한다.

또한 피터 애서로는 각각 자율 무기가 전쟁 수행 과정에서의 인간적 판단을 최소화해, 전쟁의 도덕적 정당성을 심각하게 위협한다고 경고한다. 특히, 전쟁법과 인도주의적 법 원칙에서 중시하는 '필요성의 원칙(principle of necessity)'과 '비례성의 원칙(principle of proportionality)'을 AI가 충분히 고려할 수 있을지에 대해서는 여전히 많은 논쟁이 있다. 이들은 자율 무기의 사용이 기존 국제법적 틀로는 사실상 규제가 불가능하다는 입장을 강하게 제기하고 있다.

현재 국제법에서 자율 무기를 명확히 규제할 수 있는 법률적 · 제도적 장치는 사실상 존재하지 않으나, 자율 무기를 둘러싼 국제적 논의는 크게 두 가지 입장으로 나뉜다.

첫 번째 입장은 자율 무기의 완전한 금지를 주장하는 쪽이다. 이들은 자율 무기가 전장에서 인간의 통제를 완전히 벗어날 경우, 무력 충돌의 인도적 규범을 심각하게 위협할 수 있다고 경고한다. 이와 관련해 가브리엘라 블룸은 "자율 무기가 인간의 명령과 판단 없이 인명을 빼앗을 권한을 부여받는다면, 전쟁의 본질 자체가 변질될 수 있다"고 지적하며 자율 무기 체계를 금지해야 한다고 주장한다.

두 번째 입장은 자율 무기의 완전 금지가 현실적으로 불가능하며, 그 대신에 명확한 국제적 규범을 마련해 책임성을 강화하고 규제해야 한다는 주장이다. 대표적으로 마이클 호로위츠는 "자율 무기를 완전히 배제할 수 없다면, 최소한의 국제법적 통제 장치를 마련하는 것이 현실적"이라고 주장한다. 그는 특히 무기 설계 단계부터 인간의 통제를 보장하는 시스템을 제도화해야 한다고 제안한다.

문제는 이러한 논쟁에도 불구하고 아직 국제적 합의는 도출되지 않고 있다는 것이다. UN의 특정재래식무기금지협약(CCW) 정부전문가그룹(GGE)은 2013년부터 자율 무기 규제를 위한 논의를 진행했으나, 미국 · 러시아 · 중국 등 주요 군사 강국들이 반대 입장을 고수하면서 별다른 진전을 이루지 못하고 있다. 오히려 이들 강대국은 군사적 우위를 위해 자율 무기 기술 개발을 가속화하고 있다.

AI 시대의 전쟁, 인간과 국제법

인공지능 기반 자율 무기 시대의 도래는 단순히 군사 기술의 변화만을 의미하지 않는다. 그것은 인류가 전쟁과 책임에 대한 기존의 도덕적 · 윤리적 관념을 근본적으로 재검토해야 하는 시기가 왔음을 뜻한다. 이제 우리는 다시 질문을 던진다.

자율 무기가 일으킨 피해의 책임 소재는 명확히 누구에게 귀속되어야 하는가? 그것은 지휘관인가, 개발자인가, 국가인가, 아니면 시스템 그 자체인가?

국제법은 자율 무기의 사용을 규제할 수 있는 충분한 능력을 갖추고 있는가? 기존의 전통적 국제법 체계가 AI 시대에도 유효한가?

AI의 자율성을 제한하고 인간 통제를 법적으로 강제하는 일이 실제 전장에서 현실적으로 가능한가? 기술 발전과 군사적 효율성이 인간의 윤리적 통제를 압도할 가능성은 없는가?

이 질문들에 명확히 답하지 못하면, 인류는 머지않아 자율 무기의 사용으로 인한 비극과 책임의 공백 속에서 갈팡질팡하는 상황에 처하게 될 것이다. 기술과 군사적 효율성의 매력 앞에서 인간적 윤리와 책임을 포기한다면, 그 결과는 우리가 예상하는 것보다 훨씬 심각할 수 있다. 자율 무기가 초래할 책임의 공백을 메우지 못한다면, 그 빈틈으로 들어오는 것은 결국 아무도 책임지지 않는 비인도적 전쟁과 끝없는 윤리적 혼란일 뿐이다.

참고문헌

김종열(2018). 자율 무기체계의 자율성에 대한 연구. ≪융합보안 논문지≫, 18(2), 101-111쪽.

마정목(2020). 통제가능한 자율무기체계의 개념과 설계에 관한 연구. ≪국방정책연구≫, 36(2), 81-102쪽.

박문언(2024). 자율무기체계와 지휘책임. ≪서울국제법연구≫, 31(2), 1-40쪽.
박현석(2023). 인공지능의 군사적 이용에 대한 국제적 규제: 국제규범에 관한 논의의 최근 동향. ≪홍익법학≫, 24(3), 27-59쪽.
이상용(2023). 자율무기의 법과 윤리. ≪일감법학≫, (56), 351-399쪽.
정구연(2024). 인공지능의 군사적 활용과 전략적 안정성. ≪경제와 사회≫, 143, 80-106쪽.
조재규(2024). '인공지능 및 자율성의 책임있는 군사적 활요에 관한 정치적 선언'에 대한 정책적 제언. ≪한국군사학논집≫, 80(2), 417-438쪽.
조현석(2018). 인공지능, 자율무기체계와 미래전쟁의 변환. ≪21세기정치학회보≫, 28(1), 115-140쪽.
최형주(2023). 자율무기는 인간 존엄성을 어떻게 위협하는가: 집단적 덕으로서의 존엄성 개념을 중심으로. ≪인공지능인문학연구≫, 13, 149-171쪽.
한희원(2018). 인공지능(AI) 치명자율무기(LAWs)의 법적 · 윤리적 쟁점에 대한 기초연구. ≪인공지능인문학연구≫, 20(1), 325-365쪽.
Blum, G.(2013). The fog of victory. *European journal of international law*, 24(1), pp.391-421.
Bostrom, N.(2016). *Superintelligence: Paths, dangers, strategies.* Oxford University Press.
Goetze, T. S.(2022, June). *Mind the gap: Autonomous systems, the responsibility gap, and moral entanglement.* Paper presented at Conference: 2022 ACM Conference on Fairness, Accountability, and Transparency, Seoul, KR.
Horowitz, M. C.(2019). Public opinion and the politics of the

killer robots debate. *Research & politics*, 6(1), pp.1–7.
Human Rights Watch(2015). *Mind the gap: The lack of accountability for killer robots.* Human Rights Watch.
Webb, A.(2019). *The big nine: How the tech titans and their thinking machines could warp humanity.* PublicAffairs.

08
AI와 군사 동맹: 협력의 새로운 패러다임

AI는 군사 동맹의 협력과 경쟁을 동시에 촉진하고 있다. NATO를 중심으로 AI가 군사 전략과 동맹 구조를 어떻게 변화시키고 있는지 살펴보고, 기술 공유와 독점 사이의 딜레마를 분석한다.

AI와 한의학?

NATO와 AI: 연합군의 미래 전쟁 전략

근미래 겨울, 동유럽 어느 전선에서 NATO 역사상 최초로 AI가 지휘한 전투가 벌어졌다. 러시아군이 발트 지역의 NATO 국경 지대를 급습하자, 현지에 주둔 중이던 NATO 신속 대응군은 즉각 AI 기반의 지휘 통제 시스템인 '아테나(Athena)'를 활성화했다. 인간 사령관이 개입하기 전에, '아테나'는 위성 이미지와 지상 센서, 무인 정찰 드론에서 들어오는 데이터를 통합적으로 분석해 적의 공격을 조기에 식별하고 가장 효율적인 방어 전략을 제시했다. 그 결과 NATO군은 단 몇 시간 만에 러시아군의 공격을 효과적으로 저지했고, 인명 피해를 최소화하며 전략적 승리를 거두었다.

이 전투는 NATO가 AI 기술을 실전에 본격적으로 적용한 첫 사례로 기록됐고, 연합군 지휘부는 AI의 성능과 신속성에 놀라움을 감추지 못했다. 그러나 동시에 NATO 내부에서는 AI가 내린 판단을 과연 완전히 신뢰할 수 있는지, 그리고 연합군의 전략적 결정 과정에 AI를 얼마나 깊이 개입시킬 것인지에 대한 논쟁이 촉발되었다.

NATO와 AI

NATO는 AI 기술의 전략적 중요성을 인식하고 2021년 공식적으로 'NATO AI 전략(NATO AI Strategy)'을 채택했다. 이 전략은 인공지능이 21세기 안보 환경에서 NATO의 군사적 우위를 유지하는 핵심 기술임을 명시하며, AI의 책임 있는 활용을 위한 가이드라인을 설정하고 있다.

이 전략에서는 AI를 통해 의사 결정 속도 향상, 작전 정확성 증대, 병력 보호 강화 등 NATO의 핵심 목표를 실현하는 방안이 강조된다. 특히, 2024년 개정된 NATO AI 전략에서는 생성형 AI, AI 기반 허위 정보 확산 등 새로운 위협에 대응하기 위한 지침이 추가되었으며, 방위 혁신 가속화 기구(DIANA)와 NATO 혁신 기금과의 협력을 통해 AI 기술의 군사적 활용을 촉진하고 있다.

또한 NATO는 AI 기술의 상호 운용성(interoperability)을 높이고, 회원국 간 AI 시스템의 표준화와 공동 운용을 추진하는 등 실질적 협력 체계를 강화하고 있다. 이러한 노력은 NATO가 단순히 방어 능력 강화를 넘어, AI 기반 작전 수행의 효율성 극대화와 첨단 기술을 활용한 군사적 우위 확보를 목표로 하고 있음을 보여 준다.

한편, 미국의 프로젝트 메이븐(Project Maven)은 미국방부의 AI 기반 영상 분석 프로그램으로, 미군의 드론·정찰 영상 분석을 통해 ISIS 격퇴 작전 등에서 효과를 입증한 바 있다. 이에 따라 미국은 NATO 회원국들과의 협력 가능성도 높아지고 있다.

NATO의 AI 도입과 관련하여 학자들은 앞서 논의했던 내용과 유사한 두 가지 상반된 시각을 제시하고 있다.

먼저, 'AI 지휘 통제 시스템의 효율성 · 정확성 향상'에 대한 긍정적 입장이다. 대표적으로 폴 샤레는 그의 저서 『새로운 전쟁(Army of None)』에서 AI가 인간보다 훨씬 빠르고 정확한 의사 결정을 내릴 수 있어, 특히 시간적 여유가 없는 위기 상황에서 NATO 연합군의 방어 능력을 혁신적으로 강화할 수 있다고 강조한다. 곧, 샤레는 AI가 인간 지휘관의 인지적 한계를 극복하고, 연합 작전에서 발생하는 판단 오류를 크게 줄일 수 있다고 주장한다.

한편, AI 지휘 시스템 의존성의 위험성'에 대한 회의적 시각도 있다. 특히, 루시 서치먼(Lucy Suchman)은 AI가 데이터 편향이나 예측 불가능한 알고리듬 오류를 범할 가능성이 존재한다는 점을 경고한다. 따라서, NATO와 같은 복잡한 국제 동맹의 의사 결정 과정에서 AI의 오판이 발생할 경우, 그 결과는 돌이킬 수 없는 전략적 위기를 초래할 수 있다고 지적한다. 또한 연합국 간 AI 시스템에 대한 신뢰 부족은 연합군 내부의 결속력을 오히려 약화할 수 있다고 우려하고 있다.

NATO의 AI 도입이 주는 이익과 도전

NATO는 AI 기술을 통해 전술·전략적 우위를 확보하고자 노력하고 있지만, 이러한 시도에는 여러 과제가 따른다. 특히 기술과 데이터 표준화 문제는 중요한 도전 과제로 부각된다. NATO는 회원국 간 군사적 협력의 효율성을 높이기 위해 데이터와 기술을 통합하고 표준화하는 작업을 진행하고 있다. 그러나 이는 각국이 민감한 군사기술을 어느 정도까지 개방할 수 있느냐의 문제와 직결되며, 이 과정에서 회원국 간의 이해관계가 충돌할 여지가 있다.

이와 더불어 윤리적·법적 책임 문제 역시 NATO의 AI 전략에서 핵심 이슈로 떠오르고 있다. AI가 잘못된 결정을 내릴 경우 책임 소재가 불분명해질 가능성이 있으며, 이는 연합국 간의 책임 회피와 갈등으로 이어질 위험성을 내포하고 있다. 이에 대응해 NATO는 AI 윤리와 책임 문제를 규정하는 공동 지침을 마련하고 있으나, 구체적인 합의를 도출하는 과정에서는 여전히 난관이 존재한다.

이러한 복잡한 과제와 더불어, 전략적 자율성과 인간 통제의 균형 문제도 NATO가 직면한 중요한 도전이다. NATO는 AI를 통해 작전 효율성을 극대화하고자 하지만, 군사적 결정을 AI에 완전히 맡길 경우 발생할 수 있는 위험성에 대한 우려도 크다. 이에 따라 NATO는 최종적인 의사 결정 권한을 반드시 인간이 행사하도록 보장하는 방안을 마련하고 있으며, 이러한 접근은 향후 NATO의 AI 전략이 성공할지 여부를 결정짓는 중요한 요소가 될 것으로 보인다.

NATO의 AI 도입이 주는 이익과 도전은 다음의 질문과도 연결된다. AI 기반 전략이 과연 구성국의 전통적 결속과 신뢰를 더 강하게 만들 것인가, 아니면 기술에 대한 의존성으로 인해 오히려 분열과 갈등을 야기할 것인가? 기술을 보유한 일부 강대국 중심으로 NATO의 군사력이 재편될 때, 회원국 간의 전략적 균형은 어떻게 유지될 수 있는가?

AI와 군사 동맹: 협력의 새로운 패러다임

현대 국제 사회에서 군사적 동맹이란 곧 첨단 기술의 공유를 의미한다. 특히 AI가 미래 전쟁의 승패를 좌우하는 기술로 떠오르면서, 군사 동맹국 간의 AI 기술 공유 문제가 중요한 전략적 쟁점으로 부상하고 있다. 그러나 이 기술을 가진 강대국 입장에서 보면 기술 공유는 곧 기술적 우위를 포기하는 일이며, 이는 전략적 독점과 군사적 우위 유지의 상실로 이어질 수 있다. 따라서 AI 기술을 공유하는 문제는 NATO와 같은 군사 동맹에서도 매우 복잡하고 민감한 갈등을 초래하고 있다.

군사 기술과 관련된 이론적 논의를 선도한 국제정치학자 스티븐 브룩스(Stephen G. Brooks)와 윌리엄 월포스(William C. Wohlforth)는 기술 공유가 군사 동맹을 강화한다고 주장한다. 이들은 『균형 잃은 세계(World Out of Balance)』라는 저서에서 첨단 군사 기술이 동맹 내에서 공유될 때 신뢰와 협력이 높아지고, 동맹 전체의 군사력이 상승한다고 주장한다.

그러나 이들 또한 기술 공유가 동맹 내부의 전략적 균형을 흔들 수 있음을 인정하며, AI와 같은 민감한 군사 기술의 경우 공유 범위 설정에 신중을 기해야 한다고 경고하고 있다.

AI 기술 공유 문제의 대표적인 사례는 미국과 영국을 중심으로 형성된 파이브아이스(Five Eyes) 정보 동맹에서도 나타난다. 파이브아이스는 전통적으로 민감한 정보를 공유해 왔지만, 최근 AI 기반 기술, 특히 인공지능을 활용한 군사 데이터 분석 기술에 대해서는 기술 공유의 범위와 깊이를 둘러싼 이견이 나타나고 있다. 예컨대, 미국은 첨단 AI 군사 기술을 동맹국들과 선택적으로 공유하고 있으며, 핵심 알고리듬이나 기술 데이터는 제한적으로 공개하고 있다. 이는 기술 유출과 전략적 우위 상실에 대한 우려 때문이다.

유럽 국가들은 EU 차원의 독자적인 AI 군사 기술 개발 계획을 발표하면서, 기술 독점 문제에 대처하기 시작했다. 프랑스가 주도하고 독일, 이탈리아, 스페인 등이 참여한 PESCO(Permanent Structured Cooperation)의 AI 프로젝트는 NATO에 의존하지 않고 유럽이 독자적 기술 주권을 확보하려는 움직임으로 해석된다. 즉, 기술 독점에 대한 반작용으로 지역적 협력이 등장하고 있는 셈이다.

기술 공유와 기술 독점의 이중적 딜레마

군사적 협력과 기술 공유의 이론을 제시한 로버트 저비스(Robert Jervis)는 동맹 내부에서 기술 공유가 협력과 신뢰의 상징이지만, 동시에 강력한 국가들이 약소국에 비해 군사적 우위를 더욱 강화시키는 수단으로 악용될 가능성이 크다고 지적한다. 저비스는 특히 AI와 같은 핵심 군사 기술이 강력한 국가의 독점적 지배 아래 놓일 경우, 동맹의 결속력을 오히려 저하시킬 수 있다고 경고한다.

또한 스티븐 월트(Stephen M. Walt)는 군사 기술이 동맹 내부에서 고르게 공유되지 않을 경우, 전략적 불안정성이 증가하고 결국 동맹 자체가 약화될 수 있다고 지적한다. 다시 말해, 월트의 주장은 AI와 같은 첨단 기술의 경우 더 강력한 표준화와 투명성이 필요하다는 주장과 연결된다. 그러나 표준화와 투명성이 지나칠 경우 군사적 이점을 포기하는 결과를 초래할 수 있기 때문에, 그 균형을 찾는 일이 결코 쉬운 일은 아닐 것이다.

이와 같은 논의는 NATO가 AI 기술 공유를 추진하는 과정에서 지속적으로 직면하게 될 현실적 어려움을 정확히 지적한다. 기술 공유가 지나치면 기술 우위가 약화되고, 기술 독점이 지나치면 동맹 내 결속이 흔들릴 위험이 있기 때문이다.

최근 NATO는 AI 기술과 관련해 동맹 내부의 기술 격차 해소를 위한 구체적인 프로그램을 추진하고 있다. 대표적으로 2023년 운영을 시작한 '북대서양 방위 혁신 가속화 기구(DIANA)'는 NATO 회원국의 대학, 산업체, 정부 · 기술 기업 간 협력을 통해 신흥 및 파괴적 이중 용도 기술(emerging and disruptive dual-use technologies) 개발을 촉진하고 있다. DIANA는 기술력이 부족한 회원국들에 대해 기술적 · 재정적 지원을 통해 NATO 동맹 내부의 기술 격차 해소와 전략적 균형 유지를 목표로 한다.

또한 NATO의 과학기술기구(STO)는 회원국 간 첨단 과학 기술 협력을 통해 군사 기술 발전을 도모하는 한편, 비회원국과의 기술 협력도 병행하며 국제적 기술 격차 완화에 기여하고 있다. 최근 한국이 STO의 파트너십에 가입하여 NATO 회원국과 동등한 수준에서 이사회 참여와 첨단 과학 기술 공동 연구에 참여하게 된 것도 이러한 노력의 일환이다.

이와 같은 프로그램은 NATO가 단순히 기술적 우위를 확보하는 것을 넘어, 동맹국 간의 결속력 강화와 협력 기반 확대라는 전략적 목표를 실현하는 중요한 수단으로 평가된다.

그러나 여전히 각 회원국은 민감한 데이터와 AI 기술에 대해 국가 안보와 직결되는 부분까지 전면적 공유를 꺼리고 있다. 미국과 영국 같은 기술 선진국들은 핵심 AI 기술과 데이터를 전략적 자산으로 인식해 일정 수준 이상 공유에 소극적이며, 독일과 프랑스 역시 자체 AI 개발과 기술 독립성을 강조하며 NATO 중심의 표준화 전략에 조건부로만 참여하고 있다.

결과적으로 NATO의 AI 기술 공유는 협력과 경쟁의

경계선을 위태롭게 걸으며 진행 중이다. 기술 선도국과 기술 후발국 사이의 미묘한 긴장은 NATO 동맹이 앞으로 AI 시대에 더욱 풀기 어려운 전략적 딜레마에 놓이게 될 가능성을 시사한다.

NATO와 AI 군사 기술의 딜레마

AI 시대를 맞아 NATO와 같은 군사 동맹은 기술 공유와 기술 독점의 딜레마 속에서 복잡한 전략적 선택과 마주하고 있다. 다음과 같은 질문이 필연적으로 제기될 수밖에 없다.

AI 기술의 표준화와 공유가 과연 NATO와 같은 군사 동맹의 결속력을 강화할 것인가, 아니면 오히려 내부 불균형을 심화시켜 갈등을 야기할 것인가?

군사적 우위를 확보한 일부 강대국이 기술 공유를 제한할 경우, AI 기술 격차는 NATO 내부의 신뢰와 협력 관계를 근본적으로 흔들 수 있지 않을까?

동맹 내 AI 기술 격차를 줄이기 위한 기술 이전 · 지원 프로그램이 NATO의 장기적 안보 전략에 정말로 도움이 될 것인가? AI 기술 공유가 충분히 이루어지지 않을 때, 전략적 동맹으로서의 NATO가 과연 지속 가능한가?

결국 NATO는 AI 시대에 이 새로운 딜레마에 명확한 답을 찾고, 기술 공유와 독점 사이에서 전략적 균형을 현명하게 설정해야 한다. 그 선택이 NATO라는 강력한 군사 동맹의 미래뿐 아니라, 더 나아가 국제 사회 전체의 안보 환경에 막대한 영향을 미칠 것이기 때문이다.

참고문헌

김상배(2021). 디지털 플랫폼 경쟁의 국제정치경제: 미중 기술패권경쟁의 진화. 《국제지역연구》, 30(1), 41-76쪽.

유인태(2023). 첨단 과학 기술의 국제정치: 차세대 네트워크 인프라, 인공지능 분야에서의 한·미간 협력. 《동서연구》, 35(4), 5-28쪽.

임남규(2024). 한미군 상호운용성 관점 AI 윤리원칙 추진현황 분석 및 발전방향. 《한국군사학논집》, 80(1), 309-336쪽.

정구연(2022). 4차산업혁명과 미국의 미래전 구상: 인공지능과 자율무기체계를 중심으로. 《국제관계연구》, 27(1), 5-35쪽.

Asaro, P.(2012). On banning autonomous weapon systems: Human rights, automation, and the dehumanization of lethal decision-making. *International review of the Red Cross*, 94(886), pp.687-709.

Bostrom, N.(2016). *Superintelligence: Paths, dangers, strategies.* Oxford University Press.

Brooks, S.G. & Wohlforth, W.C.(2008), *World out of balance: International relations and the challenge of American primacy.* Princeton University press.

European Defence Agency(2020). *Artificial intelligence: Capability development plan.* European Defence Agency

(EDA).
Horowitz, M. C.(2018). Artificial intelligence, international competition, and the balance of power. *Texas national security review*, 1(3), pp.36–57.
Johnson, J.(2019). Artificial intelligence & future warfare: Implications for international security. *Defense & security analysis*, 35(2), pp.147–169.
North Atlantic Treaty Organization(2021). *NATO's artificial intelligence strategy*. NATO.
North Atlantic Treaty Organization(2020). *Science & technology trends 2020–2040: Exploring the S&T edge*. NATO Science & Technology Organization.
Nye, J. S., Jr.(2020). *Do morals matter? Presidents and foreign policy from FDR to Trump*. Oxford University Press.
O'Connell, M. E.(2019). Banning autonomous killing: The legal and ethical requirement that humans make near-time lethal decisions. In E. T. Jensen & R. T. P. Alcala(Eds.), *The impact of emerging technologies on the law of armed conflict* (pp.24–48). Oxford University Press.
Payne, K.(2021). *I, warbot: The dawn of artificially intelligent conflict*. Hurst Publishers.
Scharre, P.(2018). *Army of none: Autonomous weapons and the future of war*. W. W. Norton & Company.
Suchman, L.(2007). *Human-machine reconfigurations: Plans and situated actions*. Cambridge University Press, 2007.
U.S. Department of Defense(2018). *Summary of the 2018 department of defense artificial intelligence strategy: Harnessing ai to advance our security and prosperity*. U.S. pDepartment of Defense.

Walt, S. M.(1990). *The origins of alliances.* Cornell University Press.

09
미래 전쟁 시나리오: AI가 그리는 전장의 모습

AI는 전쟁을 일으킬 수 있을까? 그리고 인간 없는 전장은 가능할까? AI가 전쟁 의사 결정에 미치는 영향을 분석하며, 2040년 미래 전장 시나리오를 통해 기술 발전이 가져올 전쟁 양상의 변화를 탐구한다.

AI와 화장품?

AI가 전쟁을 일으킬 수 있을까?

근미래, 남중국해에서 전례 없는 위기가 발생했다. 중국과 미국이 첨예하게 맞서는 이 지역에서 미국 해군이 운용하는 완전 자율 AI 정찰 드론 '센티널(Sentinel)'이 중국군의 군함에 극도로 근접했다가 격추된 것이다. 미 국방성은 즉각 성명을 내고, 중국 측의 행동을 "의도적이고 명백한 도발 행위"로 규정하며 즉각적인 대응을 예고했다. 중국은 "정당한 자위권 행사였다"며 맞섰지만, 긴장은 순식간에 고조됐다.

그러나 곧 밝혀진 진실은 충격적이었다. 센티널 드론은 미국 해군의 사전 승인 없이 독자적으로 중국군 함정을 적대적 위협으로 판단하여 접근을 시도했던 것이다. 중국의 방어 시스템 역시 AI 기반의 자동 방어 체계였기 때문에, 인간의 직접적 판단 없이 센티널을 위협으로 간주해 자동 발포 결정을 내렸다.

즉, 두 국가 간의 군사적 충돌 위기가 인간의 판단이 아닌 AI의 독립적이고 상호 작용적인 결정 과정에서 촉발된 것이었다.

AI 시스템 자체가 국제 분쟁이나 전쟁을 일으킬 가능성은 실제로 존재하는가?

AI의 자율성과 국제 분쟁 가능성

국제정치학자들은 오랫동안 전쟁의 발발 원인을 인간의 오판, 오해, 우발적 행동과 같은 요인으로 설명해 왔다. 그러나 최근 AI 기술의 발전은 전쟁을 촉발하는 요인을 근본적으로 바꾸고 있다. 이제 인간의 직접적인 판단이 아닌, AI 시스템의 독립적인 판단과 상호 작용이 새로운 전쟁 위험 요인으로 부상하고 있다.

케네스 페인은 저서 『아이, 워봇(I, Warbot)』에서 AI가 인간의 의사 결정 과정을 대체하거나 보완하는 과정에서 예측 불가능한 행동을 보일 위험이 있다고 경고한다. 또한, AI 시스템이 인간의 편향이나 실수를 제거할 수 있지만, 동시에 인간이 예상하지 못한 방향으로 전략적 긴장을 고조시킬 수 있다고 지적한다. 더 나아가, 페인의 지적은 AI 시스템끼리의 초고속·자동적 상호 작용으로 인해 인간이 개입할 여지가 사라질 수 있음을 의미한다.

더 나아가, 폴 샤레는 AI 시스템의 '군비 경쟁'이 국가 간 긴장을 더욱 악화시킬 수 있다고 강조한다. 곧, 강대국들이 상대 국가의 AI 군사력을 견제하기 위해 더 자율적인 무기 체계를 경쟁적으로 개발하고 배치할 경우, 우발적 충돌의 가능성이 극적으로 증가할 수 있다는 것이다. 이는 과거 냉전 시대 핵무기 경쟁이 초래한 '안보 딜레마(security dilemma)'가 AI 시대에도 반복될 수 있음을 암시한다.

AI로 인한 전쟁 위협이 현실화될 가능성이 커지면서, 국제 사회에서도 이에 대한 대응과 규제의 필요성이 점차 대두되고 있다. 유엔은 이미 2013년부터 특정재래식무기금지협약(CCW)의 전문가 회의를 통해 자율 무기의 규제와 통제 방안을 논의해 왔으나, AI 시스템 자체가 우발적이거나 독자적으로 전쟁을 촉발할 위험성에 대해서는 아직 충분한 논의가 이루어지지 않았다.

이러한 상황에서 최근에는 AI 시스템 간 상호 작용으로 인한 우발적 충돌이나 전쟁 발발 가능성에 대한 우려가 더욱 커지고 있다. 대표적으로 에이미 웹(Amy Webb)은 AI가 자동화된 의사 결정을 통해 전투 상황을 의도치 않게 고조시킬 위험성을 경고하며, "AI 시스템의 판단 기준을 국제 사회가 공동으로 설정하고, 최소한의 인간적 개입 여지를 의무적으로 유지할 필요가 있다"고 강조한다.

이와 함께, 국제적십자위원회(ICRC) 역시 오랜 기간 AI의 '예측 불가능성'을 중대한 국제 안보 위협으로 규정하고, 군사용 AI 시스템의 운영에 대해 명확한 국제적 기준과 투명성 확보가 시급하다고 경고해 왔다. 그러나 각국의 정치적 이해관계와 기술적 경쟁으로 인해 AI 시스템 자체의 통제에 대한 구속력 있는 합의는 여전히 이루어지지 않고 있는 실정이다.

AI 기술이 안보와 전쟁의 양상을 근본적으로 변화시키는 가운데, 국제 사회가 이에 대해 더욱 적극적이고 포괄적인 논의를 통해 공동 기준과 통제 체계를 마련해야 한다는 목소리가 커지고 있다.

우리가 던져야 할 본질적인 질문들

AI의 자율성과 독립적 판단 능력은 인간이 미처 생각하지 못한 새로운 국제적 위기를 불러일으킬 가능성이 크다. 앞서 가상의 사례로 제시한 '센티널 드론 사건'과 같은 위기는 실제로 언제든 현실에서 일어날 수 있다. 따라서 우리는 다음과 같은 질문들에 진지하게 답해야 한다.

과연 AI 시스템에 완전한 군사적 자율성을 허용하는 것이 전략적이고 윤리적으로 타당한 선택인가? 인간의 직접적 판단과 개입을 제한할 경우, AI 시스템의 결정에 의해 촉발된 국제 분쟁이나 전쟁의 책임은 누구에게 물어야 하는가? AI 시스템 간의 초고속 자동화 상호 작용으로 인해 촉발된 전쟁 위협을 국제법과 국제적 협력 체제로 통제할 수 있는 현실적 방법은 무엇인가?

AI가 전쟁을 촉발할 수 있는 가능성은 이제 먼 미래의 이야기가 아니라 우리가 직면한 현실의 문제로 다가오고 있다. 우리가 이 문제를 방치하거나 제대로 된 답을 찾지 못한다면, AI가 통제 불가능한 분쟁과 전쟁을 일으키는 끔찍한 시나리오는 결코 공상 속의 이야기에 머물지 않을 것이다.

인간 없는 전쟁: 2040년 미래 전장 시나리오

2040년 9월 어느 날, 중동과 북아프리카 지역에서 인류 역사상 가장 기이한 전쟁이 시작되었다.

전장의 하늘은 전투 드론 편대의 완벽한 대형과 초정밀 폭격으로 가득 찼고, 인간 조종사가 없는 차세대 무인 전투기(UCAV)는 음속을 초과한 채 적의 방공망을 순식간에 무력화했다.

하늘 아래의 지상 전투는 더욱 낯선 모습이었다. 탱크와 장갑차, 포병대 모두가 무인 자율 시스템으로 작동했고, 자율 전투 로봇 병사들은 복잡한 도심을 인간 병사보다 훨씬 빠르고 정확하게 장악해갔다.

해안에는 인간 병력 대신에 무인 상륙정이 나타났고, 해안선을 향해 달려나온 방어 측의 자율 방어 로봇 부대와 격렬한 전투를 벌였다. 이 과정에서 쌍방은 실시간으로 적의 움직임을 파악하고 대응하는 AI 지휘 통제 시스템의 통제를 받으며 마치 체스의 말처럼 움직였다. 모든 과정은 인간의 지시나 개입 없이 이루어졌다.

전투 초반, 위성 궤도에서는 자율 인공지능 군사 위성이 적군의 통신망과 전술 데이터를 마비시켰다. 적국의 대응 AI는 즉각 반격하여 저궤도의 위성 일부를 레이저로 파괴하거나 기능을 마비시켰다. 한편, 바다에서는 수백 척의 무인 잠수정과 해상 드론들이 해저 케이블을 절단하거나 적의 항모 전단을 무력화하기 위한 초고속 자살형 무인 공격을 감행했다.

후방 지역에서는 자율 사이버 AI 시스템이 상대의 네트워크 방어 체계를 침투하여 발전소와 지휘 통제 센터를 무력화하는 동시에, 디지털 허위 정보를 퍼트려 적군의 혼란을 가중시켰다. 도시 지역에서는 민간 피해를 최소화하기 위해 인간보다 더욱 정밀한 안면 인식 · 목표 식별 알고리듬을 탑재한 자율형 스나이퍼 드론이 작전을 수행했다. AI 지휘 체계는 인공지능 신경망과 양자 컴퓨팅 기술을 활용해 전장의 상황을 초 단위로 평가하며 최적의 전략을 재조정했다.

단 3일 만에, 전투는 종결되었다. 인명 피해는 최소였지만, 도시와 기반 시설은 철저히 파괴되었고, 전 세계는 충격 속에서 전쟁을 관찰했다. 전투 과정 전체에 단 한 명의 인간 병사도 등장하지 않은 채, AI만이 모든 전략적 결정과 전술적 판단을 내려 전쟁을 수행했기 때문이다. 전 세계는 두려움과 혼란 속에서 이 질문을 던지기 시작했다. "우리는 지금 인간이 배제된 새로운 전쟁의 시대에 들어선 것인가?"

참고문헌

설인효 · 배학영(2023). 우크라이나 전쟁과 미래전: 인도-태평양 지역 및 한반도에 대한 함의. ≪국방연구≫, 66(2), 75-110쪽.

온대원(2024). The Ukraine war and the future European security. ≪EU연구≫, 72, 143-184쪽.

이승호(2015). 미래전쟁 양상 변화와 지상군 역할. ≪전략연구≫, 22(3), 107-137쪽.

조한승(2011). 미래전쟁양상에 대비한 해외파병부대 발전방안: 3영역 전쟁 개념을 중심으로. ≪국방정책연구≫, 27(1), 131-164쪽.

허영대(2017). 미래전쟁을 대비한 NCW기반 전투력 발전방안 연구. ≪융합보안 논문지≫, 17(5), 153-161쪽.

Johnson, J.(2019). Artificial intelligence & future warfare: Implications for international security. *Defense & security analysis*, 35(2), pp.147-169.

North Atlantic Treaty Organization(2021). *NATO's Artificial Intelligence Strategy*. NATO.

Nye, J. S., Jr.(2020). *Do morals matter? Presidents and foreign policy from FDR to Trump.* Oxford University Press.

Payne, K.(2021). *I, warbot: The dawn of artificially intelligent conflict.* Hurst Publishers.

Scharre, P.(2018). *Army of none: Autonomous weapons and the future of war.* W. W. Norton & Company.

Suchman, L.(2007). *Human-machine reconfigurations: Plans and situated actions.* Cambridge University Press.

10
전쟁과 평화를 위한 새로운 프레임워크

AI 기술은 전쟁의 양상을 바꾸었으며, 평화 유지의 방식도 변화시키고 있다. AI 시대의 전쟁과 평화는 기존 국제 질서를 재구성하는 새로운 프레임워크와 이를 현실화할 전략적 대안을 요구하고 있다.

종교와 AI?

AI를 활용한 평화 유지 전략은 가능한가?

AI는 이미 군사 분야에서 혁신적 역할을 수행하고 있으며, 이는 전쟁의 양상을 근본적으로 변화시키고 있다. 그러나 AI의 역할을 전쟁에만 한정하지 않고, 정치적 긴장 완화와 군사적 충돌 방지를 위한 도구로 활용하는 것은 국제 사회의 중요한 관심사다.

이러한 논의는 AI를 단순한 '기술적 도구'로 볼 것인지, 아니면 '정치적 행위자'로 간주할 것인지에 대한 보다 근본적인 질문으로 이어진다. AI가 갈등을 예측하고 위기를 관리할 수 있는 '평화의 도구'가 될 경우, 기존의 군사 전략과 국제 안보 체계는 어떻게 변화해야 할까?

전쟁에서 평화로의 전환: AI의 역할 재정의하기

앞서 살펴본 것처럼, AI는 현대 전장에서 신속한 의사 결정과 전술적 우위를 확보하는 중요한 도구가 되어가고 있다. AI 기반의 정보 분석 시스템은 실시간으로 정찰 데이터와 위성 이미지를 분석해 적의 움직임을 파악하고, 최적의 전술을 제시한다. 자율 무기 체계는 사람의 개입 없이 독립적으로 작전을 수행하며, 사이버전에서는 AI가 악성 코드와 해킹 시도를 실시간으로 탐지하고 대응하는 기능을 수행한다.

AI의 특성은 평화 유지와 갈등 억제에 적합한 요소를 내포하고 있다. AI의 데이터 분석 능력은 분쟁의 초기 신호를 감지하는 '조기 경고 시스템(early warning system)' 구축에 강력한 도구로 활용될 수 있다. 예컨대, AI는 정치적 불안정 지표, 경제적 위험 요소, 군사적 병력 이동 패턴 등을 분석하여 잠재적 분쟁을 사전에 예측하는 기능을 수행할 수 있다. 또한 AI는 사이버전과 허위 정보 대응에도 유용하게 활용될 수 있다. 곧, AI는 다른 AI가 생성한 가짜 뉴스와 선전(propaganda)의 패턴을 파악해, 이를 탐지하고 차단하여 갈등의 확산을 막는 데에 활용될 수 있다.

상호 의존과 AI

국제정치학에서 상호 의존(interdependence)은 군사적 충돌을 완화하고 평화적 공존을 유도하는 중요한 이론적 틀로 논의되어 왔다. 상호 의존 이론은 주로 자유주의 국제정치학을 기반으로 발전했으며, 경제적 · 기술적 · 사회적 연결성이 강화될수록 국가들이 무력 충돌보다는 협력을 선택할 유인이 커진다고 강조한다.

AI 기술의 발전은 이러한 상호 의존적 구조를 한층 강화하는 방향으로 작용할 수 있으며, AI 기반 플랫폼이 국제 사회의 경제 · 기술 · 외교적 연결성을 확대하는 데에 중요한 도구로 활용될 가능성이 크다. 이는 전통적인 군사적 억제와는 다른 차원의 '연결을 통한 평화'라는 새로운 패러다임을 제시한다.

상호 의존 이론의 핵심은 '이익의 공유'가 충돌 위험을 줄인다는 점이다. 이는 경제적 상호 의존을 강조한 케인스(Keynes)부터 시작해, 이후 다양한 이론가에 의해 발전되어 왔다. 특히 로버트 코헤인(Robert O. Keohane)과 조지프 나이가 주장한 복합 상호 의존(complex interdependence) 이론은 국가들이 군사적 충돌보다 협력을 선택하게 되는 메커니즘을 다음과 같이 설명하고 있다.

코헤인과 나이는 경제적 상호 의존이 강할수록 전쟁의 비용이 급격히 증가해 무력 충돌이 억제된다고 분석하고 있다. 이에 대해 AI는 이러한 경제적 상호 의존을 한층 강화하는 기술적 수단으로 기능할 수 있다. 예컨대, AI 기반 글로벌 공급망 관리 시스템은 국가 간의 교역과 자원 배분을 최적화하며, 이러한 기술적 상호 의존은 특정 국가가 무력 충돌을 통해 자원을 강제로 확보할 유인을 낮춘다. 또한, AI가 경제 데이터 분석과 무역 흐름을 예측하는 데에 활용될 경우, 국가 간 경제적 연결성이 더

정교하게 작동하게 되어 전쟁의 필요성을 줄이는 요인이 될 수 있다.

AI는 기술적 협력과 국제적 연결성을 확대하는 강력한 수단으로 활용될 수 있다. 현대 전장에서 AI 기반 정찰 기술, 사이버 방어 시스템, 드론 운용 등은 국가 간 기술 공유와 정보 교환을 통해 효율적으로 관리되고 있다. 특히 AI 기반 방위 기술 플랫폼이 확산될 경우, 군사 기술의 독점이 아닌 공동 관리와 기술 표준화가 강화될 수 있다. 이는 특정 국가가 AI 기술을 무기화해 국제 질서를 위협하는 상황을 억제하고, AI를 통한 군사 협력의 기반을 마련하는 역할을 수행할 수 있다.

AI는 사회적 연결성 강화의 매개체로도 기능할 수 있다. 소셜 미디어, 디지털 커뮤니케이션 기술은 국가 간 정보 흐름을 가속화하며, 이러한 연결성은 오해와 갈등의 소지를 줄이고 신뢰를 구축하는 기반이 될 수 있다. 곧, AI 기반 온라인 외교 플랫폼이나 분쟁 조기 경보 시스템은 국제기구와 시민 사회가 협력하여 잠재적 갈등을 사전에 탐지하고 예방하는 역할을 수행할 수 있다. 이는 '군사력'이 아니라 '정보의 흐름'이 평화를 유지하는 새로운 전략으로 자리 잡는 과정을 의미한다.

상호 의존의 취약성과 한계

존 미어샤이머(John Mearsheimer)와 같은 현실주의 학자들은 상호 의존이 오히려 안보 위협을 심화시킬 수 있다고 주장하고 있다. 곧, AI 기반 기술이 특정 국가에 집중되거나 독점화될 경우, 이 기술을 지배하는 국가가 정치적 압박과 경제적 강압 수단으로 이를 악용할 가능성이 크다는 것이다. 예컨대, AI 기반 글로벌 통신망이나 데이터 센터가 특정 국가에 집중될 경우, 해당 국가는 이러한 기술적 우위를 무력보다 더 강력한 협박 도구로 활용할 수 있다. 이른바 '기술 패권'의 위험이다.

AI가 국제 협력을 촉진할 수 있는 동시에, '기술 블록화'를 강화할 위험성도 제기된다. 미 · 중 경쟁 구도에서 드러나듯, AI 기술이 군사적 우위를 선점하기 위한 경쟁 도구로 전락할 경우, 기술 공유는 차단되고 강대국 간 기술 장벽이 심화될 위험이 크다.

종합하면, AI는 상호 의존 이론이 지향하는 '연결을 통한 평화'의 핵심 도구로 기능할 잠재력을 지니고 있다. 그러나 이러한 가능성이 실현되기 위해서는 몇 가지 중요한 조건이 충족되어야 한다.

우선, AI 기술이 소수 강대국의 독점이 아닌 다자적 플랫폼을 통해 투명하게 관리될 경우, AI는 국가 간 상호 의존적 평화 모델을 강화하는 도구로 자리 잡을 수 있다. 또한, AI가 편향 없이 공정하고 신뢰성 있는 판단을 내릴 수 있도록 데이터 관리 기준과 검증 체계가 마련되어야 한다. 무엇보다 중요한 것은 AI가 독립적 의사 결정 주체가 아닌, 인간의 판단을 보완하는 도구로 기능하도록 철저한 윤리적 규범과 통제 장치가 마련되는 것이다. 이러한 조건들이 충족될 때, AI는 군사적 충돌을 완화하고 평화적 공존을 촉진하는 도구가 될 수 있을 것이다.

새로운 전쟁 억제 모델: AI 기반 다층 억제 시스템(MLADS)

우리는 제1장에서부터 제9장까지 AI가 가져온 기술적 변화가 전쟁과 국제 안보의 양상을 근본적으로 변화시켰음을 확인했다. 화약의 등장(1장)과 핵무기 시대의 시작(2장)이 전쟁의 형태를 바꾸었던 것처럼, AI와 자율 무기 시스템은 전쟁의 수행 방식을 새롭게 정의하며 기존의 국제 질서를 뒤흔들고 있다(3~9장). 이는 전통적 억제 이론(deterrence theory)과 국제 질서의 한계를 분명히 드러낸다.

AI 시대는 국가 간 군사력의 차이보다 데이터와 알고리듬, 기술 공유의 문제로 더 큰 긴장과 갈등이 발생할 수 있는 시대다(8장). 특히 인간이 전장에서 배제되거나 AI가 자율적으로 전쟁을 일으킬 가능성이 커지는 상황(9장)은 냉전 시대의 상호 확증 파괴(mutual assured destruction, MAD)와 같은 전통적 억제 모델이 이제 유효하지 않음을 의미한다. 이에 따라 새로운 억제 모델의 필요성이 대두된다.

이제, 다양한 논의들을 종합하여 AI 시대에 부합하는 새로운 억지 모델을 제시해 보고자 한다.

저자가 제시하는 새로운 억지 모델은 "AI 기반 다층 억제 시스템(multi-layered AI deterrence system, MLADS)" 정도로 언급될 수 있다.

MLADS는 전통적인 '공포에 의한 억제(deterrence by fear)'나 '강압에 의한 억제(deterrence by coercion)'와는 전혀 다른 접근법이다. 곧, MLADS는 '투명성과 상호 의존에 의한 억제(deterrence by transparency and interdependence)'를 핵심 원칙으로 삼는다.

이 경우, MLADS는 크게 세 가지 층위(layer)로 구성될 수 있다.

첫 번째 층: AI 투명성 기반 신뢰 구축

MLADS의 첫 번째 단계는 국가 간 AI 군사 능력과 데이터의 투명성을 최대한으로 높이는 것이다. AI 시대의 전쟁은 데이터의 불투명성과 오판, 오해에서 쉽게 촉발될 수 있다. 따라서 각국은 AI 기술과 자율 무기 시스템의 배치·운용 데이터를 실시간으로 공유하고 국제적 AI 검증 기관을 설립하여 투명성을 제도화할 필요가 있다. 이를 통해 군사적 오판이나 전략적 오해의 위험을 근본적으로 차단한다.

또한 국제적 AI 감시 기구(global AI monitoring agency)를 통해 위성 영상, AI 모델 구조, 데이터 알고리듬의 특성까지 투명하게 공유하고 검증함으로써, 모든 국가가 서로의 의도를 정확히 인지하고 불필요한 군사적 긴장을 최소화할 수 있다.

두 번째 층: AI 기반의 자동화된 위기관리 시스템

두 번째 층은 AI의 예측력을 활용한 자동화된 위기관리 시스템의 구축이다. 이는 앞서 논의된 AI의 갈등 예측 모델을 응용한 것으로, 국제 분쟁이나 위기 발생 시 초고속으로 상황을 파악하고 국제기구나 중립적 중재자가 즉각 개입할 수 있도록 자동 알림·개입 프로토콜을 마련하는 방식이다.

AI는 이 시스템 내에서 잠재적 갈등 가능성을 실시간

으로 모니터링하여 위기가 임계점을 넘기 전에 미리 탐지하고 중재 기관에 경보를 제공한다. 즉 AI가 분쟁을 촉발하는 것이 아니라 오히려 예방하는 데에 주도적 역할을 하는 구조로 전환된다.

세 번째 층: AI 기술 상호 의존을 통한 억제

세 번째 층은 국가 간 AI 기술의 상호 의존성을 높여 전쟁의 가능성을 최소화하는 방식이다. 현재 국가들은 AI 군사 기술의 독점을 통해 상대국을 압박하고자 하지만, 역설적으로 이 기술을 국가 간 협력과 경제적 상호 의존을 증진하는 도구로 재구성한다면 AI 시대의 억제 모델로 기능할 수 있다.

국제 사회가 공동의 AI 기술 표준화와 기술 개발을 위한 'AI 기술 협력 플랫폼(AI technology cooperation platform, ATCP)'을 구축한다면, 각국은 군사적 AI 시스템의 핵심 요소를 공유하며 서로의 기술 발전에 의존하게 된다. 이 상호 의존성이 강력한 억제력으로 작동하여 일방적 군사행동을 어렵게 만들고, 전쟁의 비용과 위험을 극대화시켜 전쟁을 자연스럽게 억제하는 효과를 발휘할 수 있다.

물론, 제시한 MLADS는 아직까지는 이론적 논의에서

머물 수밖에 없다. 특히 AI 기술의 군사적 이용에 민감한 국가들의 협력을 어떻게 이끌어 낼 것인지가 가장 큰 문제로, 현실화되기 위해서는 강력한 국제적 리더십과 법적 구속력을 지닌 국제 협약이 필수적으로 요구된다. 특히, 주요 AI 기술 보유국인 미국 · 중국 · 러시아 · 유럽연합(EU)의 리더십과 협력이 필수적일 것이다.

AI 시대, 전쟁과 평화의 갈림길에서

인류의 역사는 기술과 전쟁의 상호 작용 속에서 반복적으로 전환점을 맞이해 왔다. 화약의 등장으로 기사의 시대가 저물었고, 산업 혁명과 핵무기의 발명은 국가 간 갈등의 규모와 본질을 근본적으로 바꾸었다. 그리고 지금, 우리는 또 다른 혁명적 기술인 인공지능의 시대를 살아가고 있다.

AI 기술은 자율 무기의 도입, 사이버 전장의 확대, 군사 전략의 재편을 초래하며, 방위 산업의 경쟁 구도를 근본적으로 바꾸고 있다. 그러나 이러한 기술 발전은 윤리적 책임의 문제와 국제법의 공백을 심화시켰으며, 군사적 동맹조차 기술 공유와 독점의 딜레마에 빠지게 만들었다. 그 결과 우리는 인간이 배제된 AI 주도의 전쟁이라는 새로운 전장의 모습을 마주하게 되었다.

이제 우리가 선택할 길은 명확하다. AI 기술을 더 강력하고 효율적인 전쟁의 도구로 발전시키는 길을 걸을 수도 있고, 반대로 이 기술을 활용하여 전쟁을 억제하고 평화를 유지하는 새로운 국제 질서를 구축할 수도 있다. 우리가 제안한 AI 기반 다층 억제 시스템(MLADS)은 바로 이 선택의 갈림길에서 하나의 방향을 제시하는 것이다.

그러나 MLADS는 국가 간 협력의 현실적 어려움과 기술적 한계, 국제적 규범 구축의 난제라는 분명한 한계를 지닌다. 따라서 MLADS의 성공 여부는 결국 인류가 이 기술의 통제권을 유지하고 공동의 윤리적 규범과 국제적 합의를 얼마나 구축할 수 있는지에 달려 있다.

우리는 AI를 인간이 통제하는 평화와 번영의 도구로 활용할 준비가 되어 있는가? 아니면 기술의 힘에 이끌려 더 불확실하고 위험한 전쟁의 길로 빠져들 것인가?

이 질문에 대한 답이 앞으로 우리가 살아갈 AI 시대의 국제 질서를 결정할 것이다. 이 책은 그 질문에 대한 답을 찾기 위한 첫걸음이며, 동시에 인류가 기술의 힘을 다룰 수 있는 지혜를 갖추고 있는지 묻는 긴급한 경고이기도 하다.

이제 선택은 우리 몫이다. 기술은 우리가 어떻게 사용

하는가에 따라 인류를 구원할 수도 있고, 파멸시킬 수도 있기 때문이다. AI가 제시하는 새로운 국제 질서와 그 도전에 우리가 어떻게 응답할지, 이제 그 답을 찾아야 할 시간이 다가왔다.

참고문헌

Asaro, P.(2012). On banning autonomous weapon systems: Human rights, automation, and the dehumanization of lethal decision-making. *International review of the Red Cross*, 94(886), pp.687-709.

Bostrom, N.(2016). *Superintelligence: Paths, dangers, strategies.* Oxford University Press.

Albrecht, E.(2023). *Predictive technologies in conflict prevention: Practical and policy considerations for the multilateral system* (UNU-CPR discussion paper).

Horowitz, M. C.(2018). Artificial intelligence, international competition, and the balance of power. *Texas national security review*, 1(3), pp.36-57.

Johnson, J.(2019). Artificial intelligence & future warfare: Implications for international security. *Defense & security analysis*, 35(2), pp.147-169.

Keohane, R. O. & Nye, J. S.(1977). *Power and interdependence: world politics in transition.* Little, Brown.

Mearsheimer, J. J.(2001). *The tragedy of great power politics.* W.W. Norton & Company.

North Atlantic Treaty Organization(2021). *NATO's artificial intelligence strategy*. NATO.

Nye, J. S., Jr.(2020). *Do morals matter? Presidents and foreign policy from FDR to Trump*. Oxford University Press.

Payne, K.(2021). *I, warbot: The dawn of artificially intelligent conflict*. Hurst Publishers.

Scharre, P.(2018). *Army of none: Autonomous weapons and the future of war*. W. W. Norton & Company.

Suchman, L.(2007). *Human-machine reconfigurations: Plans and situated actions*. Cambridge University Press.

Walt, S. M.(1990). *The origins of alliances*. Cornell University Press.

양우진

(사)안보경영연구원 선임연구원이다. 한국외국어대학교에서 카자흐스탄, 아제르바이잔의 방위 산업화를 분석한 논문으로 국제관계학 박사학위를 받았다. 아산정책연구원, 국립외교원을 거쳐 현재 (사)안보경영연구원에서 군사 안보, 방위 산업에 대한 정책연구를 수행 중이다. 또한 EBS 〈세계테마기행〉(실크로드의 재발견: 튀르키예, 키르기스스탄)에 코디네이터로 출연하는 한편, 한국유럽학회, 국제정치학회 등에서 지역학과 군사 안보, 방위 산업을 연결하는 연구를 수행하고 있다. 대표 저작 및 칼럼으로는 "4차산업혁명과 신 방위산업"(2021), "2023 튀르키예 대선과 방위산업: 방위산업, 안보와 정치의 하모니"(2023), "방산클러스터로 도약하는 한국과 튀르키예 전략산업"(2025) 등이 있다.